AF592400

GEOFF NEW

EL ARTE DE LA PREDICACIÓN BÍBLICA

Vivir, escuchar y narrar las Escrituras

SERIE RECURSOS LANGHAM PREDICACIÓN

El arte de la predicación bíblica:
Vivir, escuchar y narrar las Escrituras
Geoff New

Original en inglés: *Live, Listen, Tell: The Art of Preaching*
Langham Publishing
PO Box 296, Carlisle, Cumbria CA3 9WZ, United Kingdom
www.langhampublishing.org

Hecho el Depósito Legal en la Biblioteca Nacional del Perú N° 2019-13304

ISBN N° 978-612-4252-34-1

Primera edición: octubre de 2019
Categoría: Religión - Estudios Bíblicos - Predicación

Editado por:
© 2019 Centro de Investigaciones y Publicaciones (CENIP) – Ediciones Puma
Av. 28 de Julio 314, Dpto. G, Jesús María, Lima - Perú
Apartado postal: 11-168, Lima - Perú
Telf.: (511) 423-2772
E-mail: administración@edicionespuma.org
ventas@edicionespuma.org
Web: www.edicionespuma.org
Ediciones Puma es un programa del Centro de Investigaciones y Publicaciones (CENIP)

Traducción: Sara A. Deik
Edición: Jim Breneman y Alejandro Pimentel
Diagramación: Alejandro Pimentel
Diseño de carátula: Eliezer Castillo

Contenido

Prólogo 9

Prefacio 13

Capítulo 1: La historia de tu vida 15

Capítulo 2: La historia de la vida de Jesús 29

Capítulo 3: Escuchar la historia: en el camino a Emaús 41
Parte 1: *lectio divina*

Capítulo 4: Escuchar la historia: camino a Emaús 51
Parte 2: contemplación ignaciana

Capítulo 5: Escuchar utilizando *lectio divina* 63
Preparación de un sermón: 1 Crónicas 22.17-19

Capítulo 6: Escuchar utilizando la contemplación ignaciana 77
Preparación de un sermón: Juan 1.43-51

Capítulo 7: El camino a Emaús: ¿A dónde nos lleva? 89

Para Talía

Tu arte, escritura y oratoria dan a las personas palabras y visión para ver la vida de una manera nueva y emocionante.

Prólogo

La palabra de Dios es poderosa, afirmamos los creyentes sin titubear. Sin embargo, no siempre nos tomamos el tiempo para escucharla, sea por los afanes, por las distracciones o por la excesiva dependencia en toda la información disponible hoy para el estudio bíblico. En medio de esta realidad, este libro de Geoff New viene al rescate de los predicadores que por una u otra razón han extraviado el camino o que apenas empiezan a encontrarlo.

El libro, *El arte de la predicación bíblica: vivir, escuchar y narrar las Escrituras,* puede clasificarse como «manual» porque contiene instrucciones, ejercicios y tareas. Sin embargo, es más que eso. Pocas veces nos llevan los manuales a la meditación, la oración y la reflexión, como lo hace este. Además, es un libro interesado tanto en la preparación y práctica de la predicación como en la formación y vida espiritual del predicador.

Se destaca en el libro de Geoff New la sensibilidad literaria. Los relatos y las historias bíblicas, por ejemplo, no son para New cosa de niños, como a veces se cree. Hay que aprender a escuchar los relatos para poder predicarlos; no importa que los hayamos escuchado y leído muchas veces. A lo largo del libro, el autor hace honor a lo que promete desde el inicio, ayudar al predicador a «escuchar a Dios mientras estudia las Sagradas Escrituras, al tiempo que prepara su sermón».

El objetivo de escuchar atentamente la Palabra de Dios mantiene al libro en la tradición clásica del cristianismo: que el predicador sea íntegro y fiel a la historia de Dios. Pero New le añade una nueva dimensión, que sea la historia que la gente viva, escuche y narre. Es decir, la labor de la predicación es al mismo tiempo un modelo de cómo vivir, escuchar y narrar la Palabra.

También se destaca en este autor la sensibilidad espiritual a lo cotidiano a partir de la observación y la contemplación. Por medio de esto vemos la vida toda como una historia, la nuestra y la de los demás. Así, New hábilmente muestra cómo la vida del predicador, de las personas con las que tiene relaciones significativas, y lo que ocurre en el mundo, son parte del texto que el predicador lee y del que se nutre para la reflexión, la oración y la predicación.

Para el predicador cuentan también las experiencias tristes y dolorosas de la vida, las cuales no se niegan, no se esconden, no se «solucionan» con versículos bíblicos. El libro ejemplifica de manera magistral cómo adquirir sabiduría y buenas ilustraciones para nuestros sermones narrando historias de la vida actual que ilustran el tema de cómo narrar las historias, cuyo objetivo no es otro que mostrar a Jesús.

Predicarles a predicadores puede ser una tarea compleja, pero New sabe cómo y puede hacerlo porque es predicador, conoce al predicador y lo entiende, sabe que es un ser humano, un creyente. De modo que el autor ha logrado escribir un libro que es por lo menos tres cosas al mismo tiempo: un sermón, instrucción para preparar sermones y sabiduría para la vida cristiana. Para citar un caso, el autor muestra hábilmente el valor de incorporar en un sermón otros textos que dialogan con el texto bíblico del cual vamos a predicar, pero no como producto de una búsqueda en una concordancia, sino como producto de la meditación y la oración.

El libro se articula alrededor de dos prácticas espirituales ampliamente practicadas en el mundo cristiano a lo largo de la historia, la *lectio divina* y los ejercicios ignacianos, los cuales son explicados de manera práctica y detallada con fines homiléticos. En este punto, la riqueza del libro no se puede subestimar pues afirma la centralidad de la oración en la preparación de un mensaje bíblico y actual.

Es cierto que los relatos hay que imaginárselos para poder comprenderlos, pues están escritos para ser leídos de esa manera. Pero no hay que quedarse allí. Si como lectores logramos meternos en la historia, habremos dado un paso importante hacia la comprensión de su mensaje. Es decir, el libro sugiere que para predicar es necesario convertirnos en mejores lectores, lo cual en este caso significa abandonar la suposición que conocemos los relatos bíblicos para que podamos leerlos como si fuera la primera vez. Escuchar es más que una experiencia auditiva que no se puede hacer a las carreras.

En síntesis, el libro enseña con el ejemplo, de modo que el lector puede ver cómo funciona la propuesta del autor de principio a fin, del libro mismo y de su propuesta para la preparación de un sermón. Tanto el predicador novicio como el experimentado encontrarán en estas páginas inspiración, ideas prácticas y sabiduría para el ejercicio de la predicación. Es decir, el predicador siempre está llamado a crecer.

Finalmente, las preguntas para la reflexión al final de cada capítulo invitan al lector a ir más allá de lo que ha leído y así enriquecer mucho más su experiencia. Los recursos que nos deja este libro representan una vida, la del autor, pero al mismo tiempo nos deja una mina para toda la vida; una mina que no contamina. Por todo esto y mucho más, recomiendo ampliamente este libro.

Dr. Milton A. Acosta
Fundación Universitaria Seminario Bíblico de Colombia

Prefacio

Cuando era adolescente iba a un colegio de solo varones. Un día, en clase, el profesor de literatura dijo que estudiaríamos *Romeo y Julieta.* Yo no lo podía creer. ¿Nos iba a enseñar una historia de amor a una clase de varones de dieciséis años? Recuerdo haberme imaginado que la experiencia sería terrible y que me aburriría un montón. No podría haber estado más equivocado.

Ese año que estudiamos *Romeo y Julieta* cambió mi vida. Sé que es mucho decir, pero es la verdad. La razón por la cual estudiar un romance de hace cuatrocientos años fue tan poderoso para mí fue debido a mi maestro. No se limitó a enseñar literatura como una materia, le encantaba hacerlo. Enseñar literatura para él era un estilo de vida, no un trabajo. Mientras nos enseñaba sobre la obra, nos explicaba el significado de palabras antiguas, de la poesía y de eventos importantes. La historia cobró vida y se hizo emocionante. El profesor nos enseñó cómo entender un texto antiguo hoy en día. Desde esa primera introducción a *Romeo y Julieta,* cada vez que me entero de que está siendo interpretada por un grupo de teatro local o si se lanza una nueva versión de la película, allí estoy. Me encanta escuchar y ver la historia una vez más. En realidad mi experiencia de aprender cómo estudiar una obra como *Romeo y Julieta* para darle sentido hoy en día me ha ayudado como predicador. Las habilidades que mi profesor de literatura nos enseñó y la manera en la que expresaba su amor por su trabajo me inspiraron para toda la vida. Después, cuando me convertí al cristianismo, Dios tomó algo de esa experiencia y la transformó para que pudiera entender y vivir dentro de la historia de amor más grande de todos los tiempos: Dios envió a su hijo Jesús, porque amó tanto al mundo. Ahora las historias a la cuales dedico mi vida se encuentran en las Escrituras, y paso mi tiempo estudiándolas, predicándolas y ayudando a las personas a entenderlas. Mi vida está dedicada al Autor de la mejor historia. Una historia sin fin.

Y ahora, respecto al libro que estás leyendo. ¿Qué tiene que ver *Romeo y Julieta* con un libro acerca de la predicación? Un día, más de treinta años después de haber descubierto *Romeo y Julieta,* mi sobrina, Talía (de trece años en ese entonces), me envió algo que había escrito acerca de esa obra. La estaba estudiando en el colegio. Ella no sabía de mi amor por la historia y cuando recibí su trabajo fue una sorpresa muy especial. No sé exactamente qué fue lo que ocurrió mientras leía su versión de la historia, pero me hizo reflexionar sobre la importancia de predicar la Palabra de Dios. Dios me habló por medio de Talía. ¡Dios tiende a hablarnos de maneras inesperadas! Mientras le respondía, comencé a pensar más acerca de la manera en que vivimos nuestras vidas en relación con Dios. Escribí esto:

> Tu escritura es… un don. Tu forma de narrar esta historia es única y maravillosa. Es poderosa. Tienes un don especial. En este mundo las personas están haciendo tres cosas: viviendo una historia (la propia), escuchando historias (las de otros, alrededor suyo) y narrando historias (una mezcla de las dos anteriores). Su mundo y su forma de ser son poderosamente moldeados por estos tres tipos de historias: las que viven, las que escuchan y las que cuentan. Lo que más necesita este mundo son personas que puedan hacer las tres bien. No hay muchos que puedan hacerlo. Sugiero que eres de las pocas que sí pueden.

Mi oración para ti, lector de este libro, es que el Espíritu de Dios te empodere e inspire para que puedas vivir, escuchar y narrar la historia de Jesucristo de maneras que te cambien a ti y que continúen cambiando al mundo. Pido a Dios que tu amor por las Escrituras se profundice y se extienda, y que tu amor por el Autor de la vida sea abundante.

> Al que puede hacer muchísimo más que todo lo que podamos imaginarnos o pedir, por el poder que obra eficazmente en nosotros, ¡a él sea la gloria en la iglesia y en Cristo Jesús por todas las generaciones, por los siglos de los siglos! Amén.
> (Ef 3.20-21).

Geoff New
Navidad de 2015

Capítulo 1

La historia de tu vida

Este es un libro para predicadores acerca de la predicación. Ya seas el pastor de una iglesia o un miembro, incluso si predicas solo una vez al año, si predicas, entonces este libro es para ti.

Tal vez pienses que como este libro es para predicadores y sobre predicación, entonces el contenido será sobre oratoria. Tal vez pienses que este libro trata sobre lo que tienes que decirles a las personas que escuchan cuando predicas. Tal vez pienses que este es un libro sobre cómo escribir un sermón; es decir, cómo estudiar la Biblia y preparar las palabras que vas a predicar.

Claro que este libro incluirá esos temas. Pero el enfoque es en aprender a escuchar a Dios mientras estudias las Escrituras para preparar tu sermón. Cuando escuchas lo que Dios quiere decir mediante tu sermón, todo cambia. La manera en la que predicas cambia. Las personas que escuchan tu sermón cambian. Si escuchas y te encuentras con Dios mientras te preparas, cuando estés delante de tu congregación, podrás decir: «¡He visto al Señor!» Y al final de tu sermón, la congregación responderá: «¡Nosotros también!». Si sabes lo que Dios te está diciendo a ti como predicador, cuando prediques no solamente darás un sermón. ¡Tú serás el sermón!

Es obvio que como predicador necesitas entender la Biblia. La Biblia es la fuente de donde predicas. Pero no es suficiente con simplemente entender la Biblia. Es importante que entiendas para quién es la Biblia: es para las personas. Me encanta cómo Agustín, uno de los grandes líderes de la iglesia de hace siglos, describió la Biblia. Dijo que es como «una carta desde casa». La Biblia es una carta de Dios para las personas. Los predicadores a menudo estudian la Biblia, pero no siempre estudian a las personas. Había un predicador muy respetado en mi país al que le gustaba ir al aeropuerto en sus días libres a observar a las personas. Aprendió mucho de sentarse por horas observando a unos despedirse y a otros llegar y encontrarse con sus seres queridos. Era un predicador muy bueno porque conocía la Biblia y a las personas.

Pero puede ser difícil llegar a entender a las personas. Somos tan diferentes y las personas tienen secretos, problemas, dolores, esperanzas, amores y dones. Sin embargo, a pesar de que somos tan diferentes, tenemos algunas cosas en común. Una de las cosas que compartimos es la manera en la que crecemos y somos formados. Piensa en la historia de la vida de las personas. Todos tenemos esto en común. Nuestras vidas son una historia. El desafío para los predicadores es narrar fielmente la historia de Dios de manera que sea la historia a partir de la cual vivamos nuestras vidas. Pero, primero, consideremos cómo la vida de las personas puede entenderse como una historia.

Todos nosotros estamos viviendo una historia, estamos escuchando una historia y estamos narrando una historia.[1] Muchas veces ni siquiera pensamos al respecto porque la historia que vivimos, escuchamos y narramos es lo que hacemos desde el momento en que nos despertamos cada mañana. Nuestro vivir, escuchar y narrar es lo que constituye nuestras vidas. Todos estamos viviendo vidas que necesitan el mensaje y la Palabra de Cristo. Entonces, el punto de partida son vidas que tienen una mezcla de fidelidad e infidelidad a Dios. La historia que vivimos requiere que constantemente «escuchemos la historia de Cristo» para que la «historia que narramos» cambie y por lo tanto cambie también «la historia que vivimos». Sin siquiera intentarlo, todos nosotros estamos viviendo una historia, escuchando una historia y narrando una historia.

Piensa en los niños pequeños. La historia que viven incluye el tiempo y el país en el que nacieron. Sus padres y familiares son parte de la historia que viven. La clase de hogar en el que nacieron es parte de su historia. Todos los niños viven una historia desde mucho antes de caminar y hablar.

---

1. En este libro utilizo el orden (i) vivir, (ii) escuchar y (iii) narrar. Sin embargo, la vida nunca es tan ordenada, así que a veces experimentamos el orden de diferente manera. Imagina una cuerda de tres hebras. Si le pusieramos nombre a cada hebra —«vivir», «escuchar» y «narrar»—, veríamos a cada una por separado, pero también juntas formando la cuerda. Cada hebra es individual, pero en superposición a la otras, y con el orden en constante cambio. Sin embargo, para poder ilustrar de la mejor manera la relación entre escuchar/vivir/narrar, las describiré como si sucedieran en orden: (i) vivir, (ii) escuchar y (iii) narrar.

Estamos viviendo una historia.

Poco a poco los bebes aprenden su nombre y el sonido de las voces de sus padres. Lentamente aprenden a escuchar y a entender. Esto comienza a cambiar la vida que están viviendo. Se dan la vuelta cuando escuchan la voz de su madre. Experimentan felicidad y consuelo cuando escuchan voces amorosas.

Estamos escuchando una historia.

Con el tiempo los niños comienzan a hablar. Una sola palabra al empezar. Tal vez ni la dicen correctamente, pero es hermoso. Después aprenden más palabras y pronto los niños están narrando una historia cada vez que hablan.

Estamos narrando una historia.

Vivir una historia, escuchar una historia y narrar una historia. Si aprendes estas tres partes de la vida te convertirás en un mejor predicador, porque te entenderás a ti mismo, a los demás y a Dios. Verás que dónde las personas viven, cómo viven, y con quién viven forman la historia que viven. Te darás cuenta de que las voces que escuchan y lo que esas voces dicen forman la historia que la gente escucha. Verás que esto ayuda a crear la historia que, después, las personas cuentan. Déjame darte un ejemplo.

Nagaland es un estado del noreste de la India. Los Naga son gente muy hospitalaria; aman recibir a las personas que visitan su casa y su país. También aman a Dios. Noventa y cinco por ciento de la población se identifica como cristianos. Fui a Nagaland a enseñar sobre predicación a pastores y a líderes y me acompañó un grupo de cristianos de una iglesia en Nueva Zelanda donde yo pastoreaba en ese entonces. Viajando desde el aeropuerto, por las calles y hacia las colinas de Nagaland, nos dimos cuenta de algo. Las colinas y las planicies son muy abiertas y amplias, pero las casas en los pueblos están construidas una al lado de la otra, pared a pared. Esto es parte de la historia que viven. ¿Por qué construyen sus casas tan juntas? Por una historia que los Naga han escuchado acerca de su cultura y su historia. Escuchemos a Visakhonu Hibo (líder cristiano, presidente de seminario y autor) de Nagaland, que nos cuenta algo sobre su historia:

> Antes de que el evangelio llegara a Nagaland, los Naga eran cazadores que vivían en pequeños poblados

> aislados e independientes. Cazaban personas para ahuyentar a sus enemigos y a las enfermedades. Cazar personas también era una forma de ganar prestigio y honor para sus pueblos. Sin embargo, la razón principal por la cual cazaban así era para proteger a las mujeres y a los niños.

Aunque este tipo de cacería ya no se practica desde hace muchos años, los Naga continúan construyendo sus casas una al lado de la otra, por protección. Las casas están tan unidas que forman una especie de fortaleza. La historia que los Naga han escuchado afecta la historia que viven y la historia que cuentan. Aunque ya no se practica la caza de humanos, todavía esa vieja costumbre influye en cómo los Naga construyen sus pueblos. Las historias del pasado no pueden narrarse sin explicar esa parte de su historia. A todos nos afectan nuestras historias del mismo modo. Las historias que escuchamos forman las vidas que vivimos hoy y las historias que narramos.

La historia de Dios, la Biblia, empieza a cambiar la historia que vivimos. La predicación es una de las mejores maneras en la que nuestro Padre celestial habla con sus hijos.

Las historias que escuchamos dan forma, de manera poderosa, a la historia que vivimos y a la historia que narramos. Vivimos en un mundo caído. Génesis 1-2 nos dice que Dios creó este mundo bello. Génesis 3 nos cuenta cómo esta belleza ha sido dañada por el pecado. Nuestra tendencia natural es vivir, escuchar y narrar historias que no incluyan a Dios. Esto quiere decir que la historia que vivimos necesita desesperadamente de Dios. Una de las primeras cosas que la Biblia nos dice acerca de Dios es que él habló (Gn 1.3). Cuando Dios habla y las personas lo escuchan, las historias que viven y cuentan cambian. Como predicadores tenemos que entender esto.

> Las historias que escuchamos dan forma, de manera poderosa, a la historia que vivimos y a la historia que narramos. Vivimos en un mundo caído.

Así que la primera habilidad que un predicador necesita es saber escuchar. Si los predicadores no escuchan lo que el Espíritu está diciendo a la iglesia a partir de las Escrituras, entonces no tienen mucho que decir cuando predican. Como predicador, escuchar es la habilidad más importante que necesitas aprender porque tu sermón se convierte en la historia que las personas escuchan. Tus sermones serán la manera en la que Dios cambiará la historia que las personas viven y cuentan.

Piensa en las historias que escuchaste en tu niñez. Historias sobre cómo se conocieron tus padres. O quizá historias sobre las travesuras de tus tías y tíos cuando eran más jóvenes. Tal vez escuchaste historias sobre algo valiente que hizo alguien en tu familia. Esas historias nos forman. Piensa en las historias acerca de tu iglesia. Yo fui pastor de una iglesia por diecisiete años, y esa iglesia recuerda la historia de cuando fue fundada, en 1958. Cada año, en noviembre, teníamos un culto especial de acción de gracias y recordábamos esa historia. Nos encantaba. Una vez, como iglesia, pasamos un tiempo respondiendo a esta pregunta: «Cuéntanos cuándo, durante el culto, te sentiste más vivo y emocionado por adorar. ¿Qué sucedió?». Las historias que narraron abarcaron más de cincuenta años. Fue un tiempo poderoso. Ese tipo de historias nos moldea. Ese tipo de historias nos cambia porque nos da memorias frescas de la obra y la presencia de Dios entre nosotros. En el mejor de los casos, escuchar buenas historias nos trae esperanza y luz. El cristianismo ha sido descrito como una religión de revelación. Eso significa que cuando escuchamos la historia de Dios por medio de la Biblia, el Espíritu de Dios nos da entendimiento acerca de una nueva forma de vida. Descubrimos que Dios nos ama y mediante Jesucristo tenemos paz con él. Cuando respondemos a la historia de Dios, nuestras vidas son transformadas de muchas maneras. La Biblia a menudo utiliza el ejemplo del alfarero y la arcilla para hablar de esto (Is 6.8). Somos formados y amoldados como la arcilla en manos del alfarero. Escuchar cuidadosamente la historia de Dios en las Escrituras es una de las maneras más importantes que Dios usa para formar nuestras vidas.

Vivir una historia, escuchar una historia y narrar una historia. ¿Cuál historia escuchas más? ¿Cuál historia tiene mayor impacto en tu vida? ¿Cuáles historias guían tu vida? Si eres un predicador, tu repuesta probablemente será algo así: «La historia de la Biblia. La historia del amor de Dios por el mundo. Su amor al enviar a su Hijo para salvar al mundo, y enviar al Espíritu Santo para ayudarnos a participar en la misión de Dios hasta el retorno de Cristo». O podríamos decir como cristianos que escuchamos la historia de la Navidad (Dios viene con humildad), la historia de la Pascua (Dios viene con amor) y la historia de Pentecostés (Dios viene con poder).

Así que, ¿cuál historia escuchas más? Revisa tu respuesta preguntándote: ¿Cuál historia estoy viviendo? y ¿cuál historia estoy narrando? Piensa en las cosas que haces diariamente y las cosas que hablas con otros. ¿Coinciden con la historia que dices que escuchas más? ¿La forma en la que vives y las cosas que cuentas a otros están marcadas por las historias de la Navidad, la Pascua y el Pentecostés? Si realmente quieres saber cuál historia escuchas, piensa en tu manera de vivir y la manera en la que hablas. Eso te mostrará más claramente cuál historia realmente estás escuchando. Déjame darte un ejemplo.

Jasmine es una joven cristiana que estaba muy emocionada preparándose para el día de su boda. Sin embargo, dos semanas antes de la boda, su primo de dieciocho años murió repentinamente. Fui a ver a Jasmine. Estaba profundamente afectada. Me dijo que sentía que era egoísta por seguir planeando su boda: quería hacer el duelo por su primo y honrarlo.

Hice una pausa, porque sabía lo que le quería decir, pero no estaba seguro de que ella podría oírlo. Sabía la historia que quería narrar, pero no estaba seguro si Jasmine realmente podría escucharme en medio de su tristeza y dolor. Pero decidí narrarla de todos modos. Así que empecé a narrarle a Jasmine la historia de la Pascua. Le dije que su boda y la muerte de su primo no eran eventos totalmente separados y que, tal como la historia de la Pascua, vivimos en luz y tinieblas, dolor y gozo. No hay separación. En la historia de la Pascua, Jesús se encuentra en el huerto de Getsemaní orando para que su propia muerte no suceda. Entonces ocurre el calvario, por el bien de todos nosotros. Luego, tres días después, vemos una tumba vacía en el huerto porque él ha salido victorioso y ha resucitado. Oscuridad y luz, muerte y vida, dolor y gozo son parte de esta historia. Terminé de hablar e hice una pausa.

Ella dijo: «sí, hablamos sobre esto con mi novio ayer por la noche». No esperaba que alguien tan joven tuviera una respuesta tan sabia. Era claro que ella había estado escuchando la historia de Jesús. Estaba viviendo esa historia, escuchando esa historia y narrando esa historia. Fue al funeral de su primo y a su propia boda la misma semana. Ella y su familia habían escuchado la historia bien. ¿Cómo lo sé? Porque pude ver cómo vivieron esa historia, y escuché como la narraron. Vivieron su fe y hablaron de la esperanza porque supieron escuchar la historia del amor de Dios.

La Biblia contiene ejemplos maravillosos de personas que vivieron una historia, escucharon una historia y narraron una historia. Considera la historia del profeta Isaías en Isaías 6. El año de la muerte del rey Uzías, Isaías ve al Señor (El Rey viviente) en su trono en el templo (Is 6.1-4). Isaías es confrontado con la visión de Dios y confrontado con la historia que él ha estado viviendo. Isaías describe esta historia con estas palabras: «¡Ay de mí, que estoy perdido! Soy un hombre de labios impuros y vivo en medio de un pueblo de labios blasfemos, ¡y no obstante mis ojos han visto al Rey, al Señor Todopoderoso!» (Is 6.5). Esta es la historia que Isaías está viviendo.

Después, Isaías experimenta el perdón de Dios (Is 6.6-7) y escucha una nueva historia. «Entonces oí la voz del Señor que decía: "¿A quién enviaré? ¿Quién irá por nosotros?"». Esta es la historia que Isaías está escuchando.

«Y respondí: Aquí estoy. ¡Envíame a mí!» (Is 6.8). Isaías ha sido empoderado para narrar una historia. Dios le dice: «Ve y dile a este pueblo…» (Is 6.9). El profeta recibe el mensaje de Dios para predicar. Esta es la historia que Isaías cuenta.

La historia que Isaías cuenta nos lleva a otro ejemplo: el eunuco etíope en Hechos 8. En Hechos 8.26, un poderoso oficial de Etiopía se encontraba en Jerusalén para adorar en el templo (Hch 8.27). Esta es la historia que estaba viviendo. Después, camino a casa, está leyendo Isaías, pero no lo entiende. Mientras tanto el Espíritu guía a Felipe a encontrarse con el etíope. Felipe corre hacia la carroza del etíope y le pregunta si entiende lo que está leyendo. El etíope admite que no e invita a Felipe a subirse a su carroza. El eunuco entonces le pregunta a Felipe: «Dígame usted, por favor, ¿de quién habla aquí el profeta, de sí mismo o de algún otro? Entonces Felipe, comenzando con ese mismo pasaje de la Escritura, le anunció las buenas nuevas acerca de Jesús» (Hch 8.34-35). Esta es la historia que el etíope escucha. Luego Felipe lo bautiza y el Espíritu súbitamente se lleva a Felipe y el eunuco «no volvió a verlo, pero siguió alegre su camino» (Hch 8.39). Tiene una nueva historia para narrar. La tradición nos cuenta que la iglesia cristiana en Etiopía comienza con este encuentro.

Vivir una historia, escuchar una historia y narrar una historia. Ver este patrón en las vidas de las personas es importante a la hora de predicarles. Consideremos un capítulo particular en la Biblia que ayuda a las personas a ver este patrón. Hebreos 11 nombra hombres y mujeres que vivieron y narraron la historia de Dios porque escucharon su historia y la creyeron. Hebreos 11 es un maravilloso pasaje de donde obtener fuerza e inspiración para reflexionar acerca de cómo vivimos, escuchamos y narramos la historia de Dios. Los predicadores deben dominar las tres, pero tienen que ser más expertos en escuchar profundamente y cuidadosamente, porque solo entonces vivirán y narrarán la historia «según las Escrituras».

El primer ejemplo en Hebreos 11 es el de Abel (v. 4):

> «Por la fe Abel ofreció a Dios un sacrificio más aceptable que el de Caín, por lo cual recibió testimonio de ser justo, pues Dios aceptó su ofrenda. Y por la fe Abel, a pesar de estar muerto, habla todavía».

¿Ves el patrón?

- Vivir la historia
  «Por la fe Abel ofreció a Dios un sacrificio más aceptable que el de Caín».
  Abel hizo una ofrenda a Dios.

- Escuchar la historia
  «Por fe recibió testimonio de ser justo, cuando Dios aceptó su ofrenda».
  Abel escuchó a Dios y aprendió a adorarlo.

- Narrar la historia
  «Y por la fe Abel, a pesar de estar muerto, habla todavía».
  Todavía se cuenta sobre la fe de Abel y la injusticia que sufrió.

Tomemos otro ejemplo, Noé (v. 7):

> «Por la fe Noé, advertido sobre cosas que aún no se veían, con temor reverente construyó un arca para salvar a su familia. Por esa fe condenó al mundo y llegó a ser heredero de la justicia que viene por la fe».

- Vivir la historia
  «Por la fe Noé, ... con temor reverente construyó un arca para salvar a su familia».
  Noé construye un arca.

- Escuchar la historia
  «advertido sobre cosas que aún no se veían».
  Noé escucha la Palabra de Dios

- Narrar la historia
  «Por esa fe condenó al mundo y llegó a ser heredero de la justicia que viene por la fe».
  Noé caminó fielmente con Dios y obedeció exponiendo el pecado de los demás.

En Hebreos 11, el autor recoge las historias de estos hombres y mujeres de fe y hace un comentario que es un verdadero reto (vv. 13-14):

> «Todos ellos vivieron por la fe, y murieron sin haber recibido las cosas prometidas; más bien, las reconocieron a lo lejos, y confesaron que eran extranjeros y peregrinos en la tierra. Al expresarse así, claramente dieron a entender que andaban en busca de una patria».

- Vivir la historia
  «Todos ellos vivieron por la fe, y murieron».
  Personas como tú y yo, que no se mencionan en Hebreos, pero que somos amados y conocidos por Dios y que vivimos nuestras vidas amando a Dios y creyendo en él.

- Escuchar la historia
  «y murieron sin haber recibido las cosas prometidas; más bien, las reconocieron a lo lejos». Escucharon las promesas de Dios y creyeron que él las cumpliría, incluso cuando eso significaba que no se cumplirían en el transcurso de su vida. ¡Increíble!

- Narrar la historia
  «y confesaron que eran extranjeros y peregrinos en la tierra. Al expresarse así, claramente dieron a entender que andaban en busca de una patria». Narraron la historia de su verdadero hogar con Dios y cómo un día vivirían ahí en el nuevo cielo y la nueva tierra.

He visto Hebreos 11.13-14 vivido, escuchado y narrado por una persona muy cercana. Mi cuñado era pastor de una iglesia grande. En el transcurso de dos o tres años, pasó por tanto sufrimiento que me hizo recordar la historia de Job en el Antiguo Testamento. Perdió su casa, su ministerio, su salud emocional y sus ingresos. Y luego, un día mientras hablaba con su familia, se dieron cuenta de que sus palabras no tenían sentido. Fue entonces que los doctores descubrieron que tenía un tumor en el cerebro. No pasó mucho tiempo antes de que perdiera la capacidad de hablar. Murió en menos de un año. Mientras nos preparábamos para su funeral, su mujer me dijo que, como pareja, hablaban a menudo de Hebreos 11.13-14. Mi cuñado, mientras vivía, escuchó la historia de Dios y se aferró a ella con toda su vida. A medida que el cáncer avanzaba, él perdió gradualmente el habla, hasta que solamente podía murmurar una sola oración: «todo está bien». En sus últimos días, cuando no podía decir ni siquiera esa oración, aún lo podía decir con sus ojos y por la manera en la que soportó el cáncer. Vivir la historia, escuchar la historia y narrar la historia. No es algo que los predicadores tan solo hacen en el púlpito; es algo que debemos hacer con toda nuestra vida.

Eso es Hebreos 11. Te animo a examinar otras historias en la Biblia y en la vida de las personas que conoces, y buscar cómo se manifiesta este patrón (vivir, escuchar y narrar). A continuación, algunos ejemplos:

Personaje / Evento	**Vivir la historia**	**Escuchar la historia**	**Narrar la historia**
Moisés (Éxodo 3)	Moisés vive como un pastor en el desierto.	El Señor se aparece a Moisés en una zarza ardiente y este oye que Dios le dice que ha escuchado el clamor de su pueblo.	Dios tiene un mensaje para los israelitas. Moisés debe decirles que el Señor ha escuchado el clamor de su pueblo y que los llevará a una nueva tierra.
Israel (Éxodo 6-15)	El pueblo de Israel deja atrás su vida como esclavos y las diez plagas caen sobre Egipto (Éxodo 6–11).	El pueblo de Israel escucha por primera vez la enseñanza de Moisés sobre la Pascua: y así entienden que Dios los está liberando (Éxodo 12).	Israel cuenta su gozosa historia de liberación cantando una canción de victoria después de cruzar el mar Rojo (Éxodo 15).
Hombre paralítico (Marcos 2.1-12)	Los amigos de un hombre paralítico lo llevan hacia Jesús (Marcos 2.1-4). Él depende totalmente de sus amigos. Esta es la historia que vive.	El hombre escucha mientras Jesús le cuenta una nueva historia, sus pecados son perdonados y es sanado (Marcos 2.5-11)	Todos tienen una historia que narrar. Están asombrados y bendicen a Dios (Marcos 2.12).

Personaje / Evento	Vivir la historia	Escuchar la historia	Narrar la historia
María (Lucas 1.26-38; 46-44)	María vive la historia de una mujer joven que se prepara para su boda (Lucas 1.26-28)	Escucha la historia que el ángel le cuenta. Ella ha hallado gracia delante de Dios y tendrá un hijo. Su reino no tendrá fin. (Lucas 1.30-33).	María narra su historia con una maravillosa canción de gozo y victoria (Lucas 1.46-55).
Zaqueo (Lucas 19.1-10)	La historia que Zaqueo está viviendo es una que produce sufrimiento a otros. Él era el jefe de los publicanos, y muy rico. (Lucas 19.2-3)	Un día Zaqueo comienza a escuchar una historia nueva. Jesús le dice que baje del árbol porque quiere visitar su casa. (Lucas 19.5)	Zaqueo tiene una nueva historia que narrar gracias a Jesús. Él comparte con los pobres y paga cuatro veces más a aquellos que había engañado. (Lucas 19.8-10).

Piensa en tu propia vida. A veces has vivido y narrado historias que son el fruto de haber escuchado fiel y obedientemente la historia de Dios por medio de la Biblia. Pero otras veces, la historia que vives y cuentas es pecaminosa. Porque no has escuchado la historia de Jesús, la gran historia de amor y salvación.

Hemos visto ejemplos de personas en la Biblia que viven, escuchan y narran la historia por medio de sus vidas. Sin embargo, hay una historia en la Biblia que es mi ejemplo favorito porque demuestra el poder de escuchar a Jesús. Esa historia será nuestra guía para el resto de este libro.

Vivir una historia, escuchar una historia, narrar una historia. Predicador, ¿estás listo?

Preguntas para la vida

¿Realmente sabes cuál historia estás escuchando? Piensa en tu vida, reflexiona acerca de la historia que vives y la historia que cuentas. Esto te revelará cuál es la historia que realmente estás escuchando.

Capítulo 2

La historia de la vida de Jesús

Lucas 24.13-35

[13]Aquel mismo día dos de ellos se dirigían a un pueblo llamado Emaús, a unos once kilómetros de Jerusalén. [14]Iban conversando sobre todo lo que había acontecido. [15]Sucedió que, mientras hablaban y discutían, Jesús mismo se acercó y comenzó a caminar con ellos; [16]pero no lo reconocieron, pues sus ojos estaban velados.

[17]—¿Qué vienen discutiendo por el camino? —les preguntó.

Se detuvieron, cabizbajos; [18]y uno de ellos, llamado Cleofas, le dijo:

—¿Eres tú el único peregrino en Jerusalén que no se ha enterado de todo lo que ha pasado recientemente?

[19]—¿Qué es lo que ha pasado? —les preguntó.

—Lo de Jesús de Nazaret. Era un profeta, poderoso en obras y en palabras delante de Dios y de todo el pueblo. [20]Los jefes de los sacerdotes y nuestros gobernantes lo entregaron para ser condenado a muerte, y lo crucificaron; [21]pero nosotros abrigábamos la esperanza de que era él quien redimiría a Israel. Es más, ya hace tres días que sucedió todo esto. [22]También algunas mujeres de nuestro grupo nos dejaron asombrados. Esta mañana, muy temprano, fueron al sepulcro, [23]pero no hallaron su cuerpo. Cuando volvieron, nos narraron que se les habían aparecido unos ángeles quienes les dijeron que él está vivo. [24]Algunos de nuestros compañeros fueron después al sepulcro y lo encontraron tal como habían dicho las mujeres, pero a él no lo vieron.

> 25—¡Qué torpes son ustedes —les dijo—, y qué tardos de corazón para creer todo lo que han dicho los profetas! 26¿Acaso no tenía que sufrir el Cristo estas cosas antes de entrar en su gloria? 27Entonces, comenzando por Moisés y por todos los profetas, les explicó lo que se refería a él en todas las Escrituras.
>
> 28Al acercarse al pueblo adonde se dirigían, Jesús hizo como que iba más lejos. 29Pero ellos insistieron:
>
> —Quédate con nosotros, que está atardeciendo; ya es casi de noche.
>
> Así que entró para quedarse con ellos. 30Luego, estando con ellos a la mesa, tomó el pan, lo bendijo, lo partió y se lo dio. 31Entonces se les abrieron los ojos y lo reconocieron, pero él desapareció. 32Se decían el uno al otro:
>
> —¿No ardía nuestro corazón mientras conversaba con nosotros en el camino y nos explicaba las Escrituras?
>
> 33Al instante se pusieron en camino y regresaron a Jerusalén. Allí encontraron a los once y a los que estaban reunidos con ellos. 34«¡Es cierto! —decían—. El Señor ha resucitado y se le ha aparecido a Simón».
>
> 35Los dos, por su parte, narraron lo que les había sucedido en el camino, y cómo habían reconocido a Jesús cuando partió el pan.

Hemos estado viendo que la vida de las personas puede describirse a partir de cómo se vive, se escucha y se cuenta una historia. Hemos visto que el reto para los predicadores es narrar fielmente la historia de Dios para que esa sea la historia que la gente viva, escuche y cuente. Hemos visto este patrón en la vida de hombres y mujeres de las Escrituras. De todos los ejemplos en la Biblia, hay uno que es muy útil para nosotros los predicadores. Sucedió el día en que Jesús resucitó. Conocemos la historia simplemente como el camino a Emaús (Lc 24.13–35). Esta historia es una perfecta «historia para predicadores», porque nos ayuda a reflexionar acerca de la historia que vivimos, escuchamos y narramos. Nos muestra la importancia de escuchar atentamente la historia de Jesús por medio de las Escrituras y cómo eso cambia la historia que vivimos y narramos.

Vivir la historia (Lucas 24.13-24)

En el primer domingo de resurrección, dos discípulos caminan de Jerusalén a un pequeño pueblo llamado Emaús. Están tristes y conmocionados porque Jesús ya no está. No pueden creer lo que pasó. La vida es dura. Todo lo que esperaban de Jesús parece haberse esfumado. Pensaron que él rescataría a Israel de los romanos y que haría que Israel fuera poderosa como en los días del rey David. ¿Y ahora qué? Caminan y hablan (vv. 13-14). Están tratando de entender, pero no llegan a ninguna respuesta. Tratar de entender lo que le pasó a Jesús es demasiado difícil.

Entonces se les suma un viajero que no conocen. Les pregunta algo tan inesperado que dejan de caminar (v. 17). Les dice: ¿Qué vienen discutiendo por el camino? ¿Cómo es posible que alguien no sepa lo que ha ocurrido en los últimos tres días? Pero este hombre parece no saberlo. Los dos discípulos están sorprendidos. Así que comienzan a narrarle a este misterioso viajero todo sobre Jesús de Nazaret (vv. 19-24).

Si lees cuidadosamente lo que dicen, te darás cuenta que en realidad cuentan el evangelio, las buenas nuevas de Jesucristo —a pesar de que no lo entienden o, en ese entonces, realmente no lo creen. Incluso hablan de la resurrección (vv. 22-24). Vemos dos discípulos tristes y confundidos, que creen y tienen esperanza en Jesús de Nazaret, pero que piensan y sienten que Jesús no está con ellos, aunque sí lo está.

Esta es la historia que estos dos discípulos estaban viviendo ese primer domingo de resurrección. Me pregunto si la historia que se vive en Lucas 24.13-24 es una en la que tú también vives. Aunque puedes predicar la historia de Jesús como sus seguidores también lo hicieron (vv. 19-24), a veces sientes que Jesús no está presente en tu vida. Me pregunto si a veces estás caminando y te sientes tan triste y confundido como los dos discípulos de esta historia. Me pregunto si no habrá momentos cuando no reconoces quién está caminando contigo por la vida. A veces nuestro dolor y tristeza, la historia que vivimos, hace que sea difícil ver y escuchar a Jesús.

Una vez mi esposa y yo visitamos a una mujer que tenía una fe profunda y hermosa en Cristo. Cuando nos sentamos a conversar, ella comenzó a llorar y dijo: «Dios me ha olvidado». La historia que estaba viviendo era de profundo dolor. Estaba cansada del dolor, que atacaba cada área de su vida. Sufría por una enfermedad que casi la mata. Experimentaba dolor emocional al ver a su familia sufrir. Sufría de un corazón herido por la muerte repentina de su esposo unos años atrás. Y ahora estaba sufriendo por el dolor de la confusión, porque no podía escuchar a Dios. No podía sentir a Dios. «Dios me ha olvidado». Pienso que los dos discípulos en el camino a Emaús sintieron lo mismo. ¿Qué dices a eso? ¿Cómo predicas en estas circunstancias? ¿Y qué pasa si, como predicador, te encuentras diciendo y sintiendo lo mismo: «Dios me ha olvidado»?

El libro de los Salmos tiene varias oraciones que reflejan este tipo de soledad:

> Y le digo a Dios, a mi Roca:
>   «¿Por qué me has olvidado?
> ¿Por qué debo andar de luto
>   y oprimido por el enemigo?»
> (Sal 42.9)

La historia del camino a Emaús nos enseña que a veces incluso las personas más cercanas a Jesús caminan en la oscuridad. Aunque la promesa es que Dios nunca nos va a dejar ni abandonar (Heb 13.5), a veces sentimos que él no está presente.

Esta es la clase de vida que muchas personas están viviendo. Muchas veces lo hacen en silencio, con dolor y desesperación.

He creído en Dios desde que tengo memoria. Un viernes por la noche, cuando tenía unos diez años, de repente me llegó un pensamiento terrible: «Dios no existe». No sé por qué este pensamiento me vino a la cabeza, pero estaba terriblemente asustado. De repente una gran oscuridad cayó sobre mí. A pesar de que no era cierto, me enfrenté con el horrible pensamiento de que Dios no estaba allí. Entonces por dos o más días oré y oré, aunque una parte de mí decía «Estás orando a la nada. ¡Dios no está allí!» Pero yo seguía orando y esperando, esperando y orando. Luego, el domingo por la tarde, la oscuridad se levantó y una luz inundó mi vida de nuevo, tan rápida e inesperadamente como la oscuridad que había venido sobre mí. La sensación y la presencia de Dios volvieron. Sentí una gran alivio y paz.

En tu vida como predicador pasarás por momentos de tristeza y alegría, oscuridad y luz, pecado y perdón, ceguera y visión, desaliento y aliento, duda y convicción, enfermedad y sanidad. Esta será la historia de tu vida. Tu historia será exactamente igual a la experiencia de los dos que caminaron con Jesús en el camino a Emaús. Seguirás conociendo la historia de Jesús de Nazaret. Y continuarás viviendo tu historia tratando de seguir a Jesús. Pero habrá momentos en los que tal vez no puedas reconocer la presencia de Jesús tan claramente como en otras ocasiones. Y al igual que los dos en Lucas 24, te quedarás quieto en el camino con el rostro abatido (v. 17).

En tu vida como predicador pasarás por momentos de tristeza y alegría, oscuridad y luz, pecado y perdón, ceguera y visión, desaliento y aliento, duda y convicción, enfermedad y sanidad.

Predicar la historia de Jesús cuando estas triste no es fácil. Una vez me pararon en seco como predicador. Había enseñado predicación por varios años en un seminario cuando llegó un nuevo director y pidió escuchar dos de mis sermones. Después me dijo: «El problema con tus sermones es que las personas terminan pensando más en sí mismas que en Jesús». Me sentí totalmente desanimado, no porque él estaba equivocado sino porque me di cuenta que tenía razón. Mis sermones realmente no predicaban a Jesús de una manera que mostrase cómo Jesús cumple toda la Escritura y llena toda nuestra vida. Estaba profundamente triste y avergonzado. Pero el director me enseñó a escuchar bien la historia.

Escuchar la historia (Lucas 24.25-31)

Después de que, camino a Emaús, los dos discípulos le cuentan a Jesús «su historia» (vv. 19-24) a su manera, Jesús les cuenta «su historia» (v. 27) a su propia manera. Jesús comienza «con Moisés y todos los profetas». Les explica cómo él cumple las promesas de Dios. Jesús mismo les cuenta la historia del «Jesús de toda la Biblia». Jesús les muestra cómo todos los eventos y las historias del Antiguo Testamento son señales que apuntan hacia él.

¿Notaste la pregunta que Jesús les hace a estos dos discípulos? Cuando se une a ellos por el camino, les dice: «¿Qué vienen discutiendo por el camino?» Como hemos visto, esa es una pregunta que les sorprende, pero es una pregunta cálida. Una pregunta amigable. Pero ahora Jesús les hace otra pregunta y es difícil: «¡Qué torpes son ustedes —les dijo—, y qué tardos de corazón para creer todo lo que han dicho los profetas! ¿Acaso no tenía que sufrir el Cristo estas cosas antes de entrar en su gloria?» (vv. 25-26). En otras palabras, les dice que no han escuchado la historia con atención, al igual que el director del seminario me señaló que no había estado escuchando la historia de Jesús con cuidado. Recuerda, si no escuchamos la historia con cuidado, no viviremos la historia fielmente o no narraremos la historia correctamente. Por eso los predicadores deben aprender a escuchar.

La parte de la historia de Jesús que los dos discípulos más necesitaban escuchar era la que decía que el Mesías tenía que sufrir. En los Evangelios, siempre que Jesús hablaba sobre su sufrimiento, muerte y resurrección, nadie entendía a qué se refería (por ejemplo, Mr 8.31–33). Creían que Dios les enviaría un libertador (el Mesías), pero pensaban que sería un rey como el rey David del Antiguo Testamento. Pensaban que el Mesías volvería a hacer de ellos una gran nación con un ejército poderoso. Pero Jesús jamás sería esa clase de rey. El reino de Jesús sería mucho más poderoso que cualquier reino de Israel o que cualquier otra nación que la tierra haya tenido o que tendría alguna vez. El reino de Jesús es un reino de justicia, misericordia y amor, pero no es de este mundo. El reino de Dios hace las cosas de una manera muy diferente a cualquier otro reino. En el reino de Dios, el rey muere para conquistar el mal y el pecado. Imagina a Moisés diciendo a los israelitas cuando eran esclavos en Egipto: «Soy un enviado de Dios. Estoy aquí para dirigirlos lejos de la esclavitud. Y la manera en la que lo haré será entregándome al faraón y a los egipcios, y ellos me matarán. De esa manera los liberaré». Tal plan no tendría sentido. Sin embargo, Jesús el Hijo de Dios murió y resucitó como parte del plan de Dios para salvar al mundo y librarnos de la esclavitud del pecado.

«¡Qué torpes son ustedes —les dijo—, y qué tardos de corazón para creer todo lo que han dicho los profetas! ¿Acaso no tenía que sufrir el Cristo estas cosas antes de entrar en su gloria?». Es fácil para nosotros entender que Jesús tuvo que sufrir y morir por nuestros pecados, porque podemos leer las Escrituras y ver el testimonio del pueblo de Dios acerca del plan de Dios. Pero tal vez hoy en día, como predicadores, todavía somos «torpes» y «tardos de corazón». Tal vez, como los dos discípulos en Lucas 24, luchamos por entender el lugar del sufrimiento en la vida de fe de los creyentes. Quizás por eso a veces no escuchamos bien la historia de Jesús.

Como pastor, en lo que se conoce como el «mundo occidental», regularmente veo cristianos que padecen problemas terribles. Sufren de cargas como enfermedades horribles o relaciones interpersonales rotas. Sin embargo, en Occidente, a diferencia de otras partes del mundo, no experimentamos violencia física por causa de nuestra fe en Cristo. Como pastor, una de las cosas que me sorprende es que, aunque los cristianos saben que un día todos moriremos, algunos viven como si la muerte nunca les sucederá a ellos o a sus familiares. Me sorprende que cuando llega la muerte, su fe puede sufrir grandes daños. Parecen sorprendidos. Dejan de escuchar la historia de Jesús.

La historia de Jesús es una historia de sufrimiento y de gloria. Muchos discípulos de Jesús hoy en día están parados en el «camino a Emaús», con sus caras abatidas. No pueden entender el dolor que sienten, y no pueden sentir a Jesús en su vida. Esta es una de las razones por las que tú, como predicador, debes escuchar la historia con cuidado y profundidad, para que puedas contársela a la gente, para que ellos puedan vivir la historia y comenzar a caminar nuevamente en la presencia de Jesús. Como predicadores, debemos aprender a escuchar la historia de Jesús «comenzando con Moisés y todos los profetas». Tu trabajo como predicador es escuchar la historia de Jesús por medio de las Escrituras. Cuando la escuchas, te estás equipando para compartirla, y así ayudas a las personas a cambiar la historia que viven y cuentan.

Una vez mi esposa y yo visitábamos una ciudad extranjera por primera vez. Una noche, mientras caminábamos por la ciudad, encontramos una hermosa catedral. Queríamos entrar, así que caminamos alrededor de la catedral buscando una entrada. Probamos todas las puertas que encontramos, pero todas estaban cerradas. Al acercarnos a cada puerta, escuchábamos una hermosa música coral que venía de adentro. De hecho, pensamos que la música era una grabación porque era demasiado perfecta. Encontramos la última puerta que podíamos probar. Descubrimos que esa puerta también estaba cerrada, pero que tenía una cerradura. Me agaché para ver lo que había adentro. El interior de la catedral estaba iluminado con una maravillosa luz amarilla y en un extremo había un coro cantando. Por la cerradura podía ver parte de la catedral, pero no toda. Podía ver parte del coro, pero no a todos.

Sentado afuera de la puerta, escuché otro ruido, el sonido de la hora más congestionada de la ciudad, con bocinas y motores. Las personas estaban regresando del trabajo a su casa o entrando en la ciudad para pasar la noche. Me di cuenta de que estas personas no podían escuchar lo que yo había escuchado y no habían visto lo que yo había visto. El sonido de los autos era el sonido de personas bajo presión. Me sorprendió el contraste entre los sonidos en la catedral y los sonidos de la ciudad. Un sonido era el sonido de la alabanza a Dios, el otro sonido representaba la carga de la vida.

Como predicadores nuestro trabajo es escuchar los «sonidos de la catedral» y dar a conocer este mensaje a quienes escuchan los «sonidos de la vida». Como predicadores, hemos mirado a través del ojo de la cerradura y hemos visto un poco de lo que es el reino de Dios. Como predicadores, nos sentamos a la puerta del templo de Dios y escuchamos los sonidos que vienen de adentro. Como predicadores, les narramos a otros lo que hemos visto y oído al escuchar la historia de Jesús. Si escuchamos bien, tendremos historias maravillosas para narrarle a los demás.

Los dos discípulos que se dirigen a Emaús caminan con Jesús. Él comienza su viaje con ellos preguntándoles de qué están hablando mientras caminan. Jesús les da un nuevo tema de conversación: un increíble estudio bíblico que les muestra cómo el Mesías está presente en todas las historias desde el principio de la Biblia. Ellos escuchan y sus corazones cambian. Podríamos decir que Jesús les muestra cómo mirar a través del ojo de la cerradura y cómo escuchar la música que está dentro de la gran historia de la Biblia.

Luego los dos discípulos llegan a la aldea, y es casi de noche. Su compañero de viaje al parecer va a seguir caminando, pero ellos quieren escuchar más. Quieren seguir escuchándolo, por lo que le piden que se quede. Él acepta la invitación, se une a ellos en la mesa y parte el pan. En ese momento lo reconocen, y de repente Jesús desaparece (vv. 30-31).

No son las mismas personas que comenzaron su viaje unas horas antes. La historia que han estado viviendo es ahora diferente debido a la historia que han estado escuchando, «Se decían el uno al otro: ¿No ardía nuestro corazón mientras conversaba con nosotros en el camino y nos explicaba las Escrituras?» (v. 32). Me encanta esto. Corazones que estaban asustados ahora arden, y espíritus cargados ahora cantan aleluya.

Me parece emocionante lo que estos dos discípulos hacen a continuación. Caminan las siete millas de regreso a Jerusalén, de noche. No pueden esperar hasta el día siguiente. ¿Por qué? ¡Porque ahora tienen una historia que narrar! Ahora tienen una nueva historia para vivir, todo a raíz de la historia que acaban de escuchar. Ahora todo es diferente. Entonces regresan a Jerusalén en un momento peligroso del día (era de noche) y en un tiempo peligroso para los que eran discípulos de Jesús (días después de que Jesús había sido crucificado). Consideremos ahora la historia que cuentan.

Narrar la historia (Lucas 24.32-35)

Nuestros dos amigos regresan a Jerusalén y encuentran a los once discípulos y a otros que están con ellos. Cuando se reúnen, descubren algo maravilloso. Lucas describe así lo que sucede cuando los dos discípulos llegan a donde están los once (vv. 33–35):

Al instante se pusieron en camino y regresaron a Jerusalén. Allí encontraron a los once y a los que estaban reunidos con ellos. «¡Es cierto! —decían—. El Señor ha resucitado y se le ha aparecido a Simón». Los dos, por su parte, narraron lo que les había sucedido en el camino, y cómo habían reconocido a Jesús cuando partió el pan.

Cuando los dos llegan, aquellos en Jerusalén ya están narrando la historia de la resurrección de Jesús. «¡Es cierto! —decían—. El Señor ha resucitado y se le ha aparecido a Simón» (Lc 24.34).

Los dos del camino a Emaús llegan a Jerusalén y descubren que los demás también han estado escuchando la nueva y sorprendente historia de la resurrección de Jesús. Los otros ya comenzaron a narrar una nueva historia. Los dos del camino a Emaús se unieron y «narraron lo que les había sucedido en el camino, y cómo habían reconocido a Jesús cuando partió el pan» (Lc 24.35). La presencia resucitada de Jesús cambió la historia que los discípulos y los creyentes estaban narrando.

Anteriormente mencioné que había pastoreado una iglesia durante varios años. Una vez me ausenté de la iglesia por tres meses. Estaba emocionado por volver a la iglesia y narrarles a mis hermanos y hermanas en Cristo todo lo que había sucedido en mi vida mientras no estaba. Tenía ganas de «narrar la historia». Cuando regresé y me reuní con los líderes de la iglesia, fue como el final de Lucas 24.13–35. No solo yo tenía una historia fresca y más profunda que narrar sobre Jesús; ellos también. Hablaron de la presencia de Dios en las reuniones de oración y los cultos de adoración. Hablaron de un nuevo enfoque en evangelismo y en servicio al barrio. Hablaron de predicar el evangelio y de tratarse con más gracia los unos a los otros. Hablaron de querer ser más maduros a la hora de vivir las buenas nuevas de Jesucristo y de hacer las cosas de una manera renovada. Hablaron de «aguijones en la carne», pero también de descubrir que la «gracia de Dios es suficiente». Fue maravilloso. Me narraron cómo se encontraron con el Cristo resucitado. Cuando terminaron, les conté cómo Cristo se había encontrado conmigo en los últimos tres meses. Hablé de las cosas que había aprendido mientras escuchaba la historia de Jesús durante el tiempo que había estado fuera. Todas las historias que narramos tenían a Jesús en el centro.

Como predicador, la manera en la que cuentas la historia es fruto de cómo estas escuchando a Jesús y el mensaje de las Escrituras. A medida que empiezas a entender cómo Jesús cumple todas las Escrituras, tu corazón comenzará a arder dentro de ti. Cuando ves cómo el Antiguo Testamento promete tanto y luego cómo Jesús es el cumplimiento de todas esas promesas, la Biblia comenzará a tener más sentido. Empezarás a ver y entender cómo las Escrituras cuentan la gran historia de Dios que rescata a las personas por medio de Jesucristo. La vida comenzará a tener más sentido. Tu ministerio y servicio comenzarán a tener más sentido. La historia que cuentas comenzará a tener más sentido. Jesús está en el centro de nuestras vidas, ministerios y mensajes. Encontrarás que tienes más coraje para narrar la historia. Estarás más preparado para ir a lugares que antes temías. Estarás preparado para hablar con personas a las que antes temías.

Déjame narrarte acerca de Sadie. Es una joven que ama a Jesús. Pero a ella no le gusta pararse ante un grupo de personas y hablar. Prefiere hacer cualquier otra cosa. Un día Sadie sintió el llamado de Dios a realizar un viaje misionero al sur de Asia. Durante los últimos meses antes de su viaje, escuchó la historia de Jesús de nuevas maneras. Escuchó a alguien narrar el mensaje de la siguiente manera: «No dejes pasar la oportunidad que Dios te está presentando». Esa frase tocó su alma y ella comenzó a explorar la visión de Dios para su vida. Aunque nunca le había gustado pararse ante grupos de personas y hablar, comenzó a hacerlo cada vez más. Antes de su viaje, lo hacía en nuestra iglesia durante los cultos de adoración. Compartía sobre la nueva obra que Jesús estaba haciendo en su vida. Sadie también comenzó a narrar su viaje a la gente con la que trabajaba a diario. Como resultado de haber escuchado la historia de Jesús, cuando fue al sur de Asia ella compartió su historia ante un grupo de predicadores. Yo estaba allí y escuche su mensaje. ¡Fue increíble! Unos meses después de regresar a casa, ella tuvo que hablar en una boda muy grande. Habló sobre Jesús y honró a Dios delante de centenares de personas. Creo que Dios está cuidadosamente formando a una predicadora. ¿Por qué creo esto? Porque ella ha escuchado la historia y ha sido empoderada para narrar esta historia. Escuchar la historia de Jesús está cambiando la manera en la que ella quiere vivir la historia y narrarla. Ella ha demostrado valentía al viajar a otro país y otra cultura y al hacer algo que le da miedo. Pero Dios está con ella y la está usando para narrar Su historia.

Quiero que te imagines que, como predicador, transitas por el camino a Emaús. Quiero que imagines que tu trabajo en ese camino es narrarles la historia a los discípulos tristes y confusos que encuentres allí, a las personas que creen en Jesús, pero que son incapaces de sentir su presencia con ellos. Tu rol como predicador es seguir el ejemplo de Jesús, caminar con esas personas y exponer las Escrituras para que puedan ver a Cristo. Tu papel como predicador es narrarles la historia del Jesús de las Escrituras para que sus corazones ardan dentro de ellos.

Un día decidí que necesitaba renovar mi promesa con la iglesia que pastoreaba. Decidí que la mejor manera de hacerlo era usando el camino a Emaús como mi guía. Así que me paré frente a la gente y les dije que iba a narrarles una historia. Esto es lo que dije:

> Esperaré en el camino a Emaús y les ayudaré a entender y a experimentar la historia. Me esforzaré mucho para ayudarles a caminar ese camino con Jesús, ayudándoles a encontrarle sentido a la historia y a tratar de aplicarla a todo lo que encuentren en el camino. Cuando sea y como sea. Me ofrezco a ustedes para ayudarles a experimentar la presencia del Cristo resucitado, partiendo el pan y abriendo las Escrituras. Me comprometo a trabajar arduamente para traerles constantemente esta historia, para que sus corazones ardan con la revelación de lo que Dios ha hecho en Cristo y lo que significa la resurrección hoy... esperaré en el camino a Emaús y allí estudiaré las Escrituras y les enseñaré, para que reconozcan cada vez más a su amoroso compañero resucitado, no importa cuán brillante sea el día u oscura la noche.

Después de decir esto, cantamos una última canción, y el culto terminó. Mientras caminaba desde el frente de la iglesia donde había predicado, una mujer se levantó de su asiento y se paró frente a mí. No es de las personas que hablan mucho de su fe ni es el tipo de persona que muestra mucho sus emociones. Pero ese día, mientras me bloqueaba el paso, me dijo con profundo sentimiento «gracias». Y luego me abrazó. Había narrado la historia, y ella la escuchó. Su corazón se transformó, en Cristo.

Preguntas para la vida

- Piensa en la historia que estás viviendo en Cristo. ¿Qué te diría Jesús si te encuentra camino a Emaús?
- Piensa en la historia que estás escuchando en Cristo. ¿Si hubieras estado en el camino a Emaús, ¿qué es lo que más necesitaría decirte acerca de sí mismo en las Escrituras?
- Piensa en la historia que estás narrando en Cristo. ¿Qué es lo que necesitarías narrar más después de escuchar a Jesús en el camino a Emaús?

Capítulo 3

Escuchar la historia: En el camino a Emaús

Parte 1: *lectio divina*

Hemos visto que todos vivimos, escuchamos y narramos una historia a lo largo de nuestras vidas. Hemos visto cómo la historia del camino a Emaús es útil para guiar a los predicadores en su ministerio de exponer las Escrituras a otros. También hemos visto que escuchar la historia de Jesús puede llevar a las personas a cambiar la historia que viven y narran. Pero, ¿cómo podemos vivir realmente como si estuviéramos en el camino a Emaús cuando eso sucedió hace unos dos mil años? ¿Cómo podemos colocarnos en ese camino para escuchar a Jesús abriendo y explicándonos las Escrituras? ¿Cómo podemos realmente escuchar al Espíritu, para poder predicar (narrar) la historia de tal manera que los corazones de las personas ardan?

Podemos orar las Escrituras de dos maneras que nos ayuden a escuchar la historia de Dios. Estas dos clases de oración han sido usadas por cristianos alrededor del mundo por cientos de años. Ambas nos ayudan a ubicarnos en el texto de la Biblia para que seamos testigos presenciales de la historia de Dios. Ambas nos permiten orar el texto de tal manera que podremos protegernos con el mensaje de la Palabra. Estas dos clases de oración se llaman *lectio divina* y contemplación ignaciana. Pero, primero, necesitas recordar algo importante: debes orar, utilizando cualquiera de estos métodos, antes de hacer cualquier otro tipo de preparación o estudio para tu sermón. Ora el texto, luego estudia el texto. Esto asegurará que escuches la historia antes de narrarla.

Comencemos con *lectio divina*.

Lectio divina es un término latín que simplemente significa «lectura divina». *Lectio divina* ha sido un método utilizado por cristianos por más de mil quinientos años. Esta manera de leer y orar la Biblia ha ayudado a personas que luchan con las distracciones a la hora de orar. También ha sido útil cuando las personas no cuentan con sus propios ejemplares de la Biblia. En esta práctica, una persona lee las Escrituras en voz alta, y otros escuchan la Palabra de Dios y luego oran el pasaje de la Biblia. *Lectio divina* es una maravillosa manera de escuchar la historia de Dios. Es fácil de aprender y es un poderoso hábito para incluir en la preparación de tu sermón.

Lectio divina tiene cuatro partes:

1. *Lectio* (lectura)
   Lee el pasaje bíblico en voz alta, esperando escuchar una palabra, frase u oración que llame tu atención.
2. *Meditatio* (meditación)
   Piensa en esa palabra, frase u oración.
3. *Oratio* (respuesta)
   Ora acerca lo que has estado pensando.
4. *Contemplatio* (contemplación)
   Permanece en silencio y quietud con el Señor.

La oración parece sencilla. Solo sigue los pasos en orden: 1-2-3-4. Pero el Espíritu también puede cambiar las cosas. Así que mientras lees en voz alta (*lectio*), un pensamiento importante puede venir a tu mente (*meditatio*). O mientras meditas, puede ser que de repente quieras orar (*oratio*) una oración de alabanza.

Lectio divina es como cocinar un plato con cuatro ingredientes. Los colocas todos en una olla y comienzan a trabajar en conjunto para crear un delicioso plato. O piensa en la oración como un baile con cuatro diferentes movimientos o pasos. Al principio, cuando estés aprendiendo el baile, haces cada paso cuidadosamente, pero una vez que te sabes todos los pasos, el baile comienza a ser más fluido. O piensa en un arcoíris. Puedes ver los diferentes colores, pero también estas maravillado por la imagen completa. O imagina elegir una fruta deliciosa y probar un pedazo (*lectio*). Entonces tomas un bocado y disfrutas de un delicioso sabor (*meditatio*). Comes el pedazo de fruta y comentas acerca lo deliciosa que es (*oratio*). Finalmente, tu cuerpo está satisfecho al ingerir tan rica comida (*contemplatio*).

Lectio divina también se puede comparar con la agricultura. Piensa en un cultivo que es cosechado. El cultivo no apareció de la nada. Antes de que estuviera listo para la cosecha, necesitó de semillas, suelo, sol y lluvia. Cada elemento es importante, pero solo juntos pueden lograr una cosecha. De hecho, Jesús utiliza este ejemplo en una de sus parábolas sobre el reino de Dios (Mr 4.26-29):

> Jesús continuó: «El reino de Dios se parece a quien esparce semilla en la tierra. Sin que este sepa cómo, y ya sea que duerma o esté despierto, día y noche brota y crece la semilla. La tierra da fruto por sí sola; primero el tallo, luego la espiga, y después el grano lleno en la espiga. Tan pronto como el grano está maduro, se le mete la hoz, pues ha llegado el tiempo de la cosecha».

Notaste que, en esta parábola, Jesús dice: «La tierra da fruto por sí sola…» Mientras oras un pasaje de la Biblia usando *lectio divina*, te darás cuenta que la cosecha espiritual tendrá lugar «por sí sola». Cuando comienzas tu oración usando *lectio divina*, Dios te está esperando y el Espíritu está trabajando. La acción de Dios en el momento de la oración, no tu accionar, es lo principal. Así como «La tierra da fruto por sí sola…», así sucede con esta oración. Cuando estudiaba en el instituto bíblico, me encantaba lo que uno de mis maestros decía sobre esta forma de oración: «No hagas que suceda; mira lo que sucede».

Comencemos entonces. Recuerda que esta forma de orar es la primera parte de tu preparación. Así es como empezamos a escuchar la historia.

Elige el pasaje bíblico que deseas predicar

Cuando oras usando *lectio divina*, puedes elegir cualquier tipo de pasaje bíblico, aunque es mejor no usar *lectio divina* para orar por medio de una historia de la Biblia (por ejemplo, uno de los eventos en la vida de Jesús). La contemplación ignaciana se adapta mejor a esos textos. Vamos a ver ese tipo de oración en el próximo capítulo.

Prepárate para *lectio divina* pidiendo al Espíritu Santo que te ayude a orar.

Lectio: Lee en voz alta

Una vez que hayas elegido el pasaje de la Biblia que deseas predicar, empieza leyéndolo lentamente y en voz alta. Mientras lees en voz alta, espera por una palabra, frase u oración que te llame la atención. Tal vez te des cuenta de cuál es esa palabra, frase u oración la primera vez que leas el pasaje, o recién a la tercera vez que lo leas. Es importante leer el pasaje repetidamente. Continúa leyendo hasta que escuches la palabra que Dios quiere que escuches durante este tiempo de oración.

Cuando usas *lectio divina* te estás reuniendo con una Persona, no estas simplemente leyendo y escuchando palabras. Jesús está presente, ayudándote a escuchar lo que él quiere que digas a través de la Escritura. Tomemos como ejemplo el Salmo 23. Si estuvieras leyendo este pasaje, puede que encuentres que «pastor» (v. 1) es la palabra para ti. O tal vez las palabras: «en verdes pastos me hace descansar» (v. 2) de repente adquieren un significado especial mientras las lees. O el Espíritu quiere que escuches las palabras «Aun si voy por valles tenebrosos» (v. 4). Lo importante es escuchar y estar atento mientras lees en voz alta. Dios sabe lo que necesitas escuchar en tu tiempo de oración. Permanece quieto y tranquilo mientras lees lenta y pausadamente las palabras de la Escritura. La palabra o palabras que son para ti serán fáciles de reconocer. No te preocupes imaginando que no las escucharás. Sí lo harás. Espera y escucha; Dios te va a hablar.

Yo antes trabajaba como capellán de la policía. El capellán de la policía ayuda a los oficiales y a sus familias de la misma manera que un pastor cuida a su congregación. Yo ofrecía consejería y capacitación para ayudarles a lidiar con su trabajo y presidía sus bodas y funerales. También salía periódicamente con las patrullas nocturnas. Una noche salí con un sargento y algunos otros oficiales. Tenían que ir a una casa y llevarse a los niños debido a problemas familiares. Cuando esas personas se dieron cuenta de que se llevaban a los niños para estar con otro miembro de la familia, las cosas se pusieron muy difíciles. Algunos empezaron a gritar y la situación fue muy emotiva y ruidosa.

Mientras esto ocurría noté que el sargento se daba vuelta hacia un lado para contestar su radio. Quedé impresionado. No podía creer que, con todo el ruido, él podía escuchar su código de llamada y contestar su radio. Su radio ni siquiera tenía el volumen muy alto. Más tarde le pregunté cómo había oído su radio en medio de tanta confusión. Me dijo: «¿Alguna vez has estado en una habitación llena de gente y oíste a uno de tus hijos decir tu nombre? Escuchas su voz y tu nombre. Escuchar mi código de llamada por la radio no es diferente. Estoy pendiente de escucharlo».

Cuando estás leyendo en voz alta, estás escuchando la voz de Dios. En medio del ruido fuera de tu ventana o de los pensamientos que no se relacionan con lo que estás leyendo, estás escuchando la voz de Dios que te comparte solo una palabra del pasaje que estás leyendo o solo unas pocas palabras de una oración. Eso es todo. Cuando escuches esa palabra o palabras, sentirás como si estuvieras escuchando tu propio nombre. Dentro de ti sentirás como si te llamaran por tu nombre. Encontrarás que estás más alerta y aún más interesado. Confía en Dios que él hablará.

Meditatio: Piensa profundamente

Una vez que hayas escuchado la palabra o algunas palabras del pasaje que estas leyendo en voz alta, comienzas la siguiente parte de la oración, *meditatio*. *Meditatio* es el momento en el que empiezas a pensar en lo que has oído. Sigamos usando al Salmo 23 como ejemplo. Digamos que en la segunda lectura del Salmo 23, cuando lees «Aun si voy por valles tenebrosos, no temo peligro alguno porque tú estás a mi lado; tu vara de pastor me reconforta» (v. 4), te quedas pensando en la palabra «reconforta».

Ahora comienzas a meditar en esta palabra y a pensar por qué de todas las palabras que acabas de escuchar del Salmo 23, esta palabra es especial hoy. Hazte preguntas acerca de la palabra «reconforta». ¿Qué está pasando en mi vida para que esta palabra sea la palabra que Dios quiere que escuche? ¿Qué está pasando en la vida de mi congregación para que esta palabra sea importante? Cuando leo todo el Salmo 23, ¿qué lugar juega la palabra «reconforta» en todo el salmo? En el versículo donde aparece «reconforta» también se mencionan valles tenebrosos. ¿Es por eso que Dios me está hablando sobre consolación? El versículo 4 dice que en el valle más oscuro «No temo peligro alguno» porque Dios promete consolarme. ¿He experimentado una falta de miedo debido a la presencia del consuelo de Dios? Cuando pienso en la palabra «reconforta», ¿a qué otro lugar de las Escrituras se dirige mi mente? ¿Cómo consuelo a los demás? ¿Conozco a alguien que realmente necesite consuelo ahora mismo? ¿De qué maneras reconfortó Jesús a la gente? ¿Cómo me siento con la palabra «reconforta»? ¿Siento la presencia del consuelo de Dios o la ausencia de esta? Estas son algunas de las muchas preguntas que puedes hacer. Tus propias preguntas se formularán en tu mente; no necesitas buscarlas. El Espíritu está contigo y te guiará durante este tiempo.

Imagina que la palabra «reconforta» (o cualquier otra palabra o frase de la lectura que te haya llamado la atención) es como un buen amigo que ha venido a visitarte a tu casa. Abres la puerta, invitas a tu amigo a que pase, y se sientan a charlar. Abres tu casa a tu amigo y sientes que tu vida es mejor por haber pasado tiempo con este amigo. Parte del tiempo tú serás el que habla, en algunos momentos serás el que escucha, y a veces simplemente se sentarán en silencio. A través del tiempo juntos se llegan a conocer mejor. Así es cuando te sientas con tu palabra (en este caso, «conforta») durante *meditatio*.

Durante esta parte de la *lectio divina*, escribir lo que estás pensando puede ser de mucha ayuda. A veces algo especial viene a tu mente, pero con todos los otros pensamientos que tienes fácilmente te puedes olvidar. Así que escribir tus preguntas, respuestas y pensamientos puede ayudarte a recordar lo que Dios te estuvo diciendo y a traer ese mensaje a tu mente en otra ocasión. Recuerda que estás orando de esta manera como parte de tu preparación para predicar, así que algunos de tus pensamientos y preguntas serán parte de tu sermón. Encontrarás que escribir lo que te ocurre mientras practicas *lectio divina* te ayudará en la preparación de tu sermón.

Oratio: Orar honestamente

Después de haber pensado y luchado con la palabra que Dios te ha dado, ahora vas a responder. A través de *lectio* y *meditatio*, Dios ha hablado, y ahora tú le respondes. Descubrirás que lo que quieres decirle a Dios vendrá de una manera muy natural. Tu respuesta a la palabra de Dios se habrá formado durante el *meditatio*. Cómo respondes depende de ti. Por ejemplo, puedes sentirte agradecido por lo que Dios te ha dicho y lo que ha hecho en tu vida. O puede ser que tu oración sea una súplica a Dios para que satisfaga una necesidad en tu vida o en la vida de alguien que conoces (una oración de intercesión). Tal vez meditar en el pasaje te ayudó a ver una necesidad con mucha más claridad, y ahora puedes orar al respecto. O tal vez sientas una gran necesidad de adorar, y esa será tu respuesta. Puedes adorar a Dios y alabarlo en tu tiempo de oración. A veces la forma en que Dios habla a través de *lectio* y *meditatio* te lleva a un tiempo de confesión y arrepentimiento. Su palabra pudo haber expuesto un área en tu vida que necesita cambiar. Tu oración puede ser de confesión, entrega y búsqueda de su perdón. La oración que ores puede ser una mezcla de todos estos tipos de oración. Las posibilidades para nuestra respuesta son infinitas.

A veces la forma en que Dios habla a través de *lectio* y *meditatio* te lleva a un tiempo de confesión y arrepentimiento.

Si nos quedamos con la palabra «reconforta» (Sal 23.4) como ejemplo, puede ser que a partir de tu tiempo de reflexión en esa palabra tu oración sea algo así:

> Señor Dios. Eres el pastor que me guía y está conmigo. Veo ahora que he estado en valles de sombra, y he tenido miedo por mucho tiempo. Ahora veo que tú me proteges y me reconfortas. He estado en las tinieblas y con miedo por tanto tiempo que me doy cuenta de que estuve ciego y sordo ante tu presencia. Leer y escuchar acerca de tu consuelo, ha tranquilizado mi alma y me ha dado esperanza de nuevo. ¡Gracias!

O tal vez la respuesta (*oratio*) sea: «Dios, ayúdame a darme cuenta de tu consuelo en vez de concentrarme en los valles de sombra y miedo».

He descubierto algo especial sobre *oratio* cuando utilizo *lectio divina* como parte de mi preparación para predicar. Cuando escribimos un sermón, siempre lo construimos en torno a una breve declaración que resume el pasaje de la Biblia y lo aplica a los oyentes. Durante siglos se ha alentado a los predicadores a trabajar duro en formular esta parte del sermón. Esta declaración ha sido descrita de muchas maneras diferentes: «la gran idea», «el sermón en una oración» o «la esencia del sermón». Al comenzar con este tipo de declaración, el sermón tiene unidad de pensamiento y una buena dirección. He descubierto que la respuesta que ofrezco al Señor durante *oratio* es a menudo el pensamiento clave que será el centro del sermón.

Tomando la segunda oración como ejemplo, mi mensaje central podría ser:

> El Pastor «reconforta» mi alma y me empodera en tiempos de oscuridad y temor.

A veces escribo la oración en la parte superior de la página como recordatorio para la preparación del resto del sermón. La oración fluye a través de todo lo que estudio, escribo y predico sobre este pasaje bíblico en particular. Esta es una muestra del poder de *oratio*.

Hasta ahora, hemos trabajado bastante. ¿Qué viene después? Lo que sigue se puede resumir, en una palabra: descanso.

Contemplatio: Descansa en silencio

La última parte de *lectio divina*, *contemplatio*, es descansar en la presencia de Dios. Me encanta esta definición de la contemplación: Miro a Jesús y él me mira. ¿Alguna vez te has sentado en silencio con un buen amigo? ¿Alguna vez has estado con alguien sin decir nada, pero ambos contentos por estar sencillamente en compañía uno del otro? Así es *contemplatio* al terminar tu tiempo de oración con Jesús. Sin embargo, *contemplatio* puede ser la parte más difícil de *lectio divina*. A muchas personas se les hace difícil descansar simplemente en la presencia de Dios, porque sienten que no están haciendo nada. Luchan porque creen que deberían estar diciendo o haciendo algo. Luchan porque se sienten perezosos y creen que deberían estar ocupados. No logran entender que efectivamente están haciendo algo: están compartiendo con su Señor y Salvador.

En Juan 15, Jesús habló sobre la vid y las ramas. En el versículo 5 dice: «Yo soy la vid y ustedes son las ramas. El que permanece en mí, como yo en él, dará mucho fruto; separados de mí no pueden ustedes hacer nada». Esta imagen de la vid y las ramas es una buena manera de pensar en *contemplatio*. Permanecemos en Cristo y él en nosotros. Nos sentamos con Jesús y descansamos en él. En otro lugar del Evangelio de Juan, Jesús dice: «El que me ama, obedecerá mi palabra, y mi Padre lo amará, y haremos nuestra morada en él» (Jn 14.23). Me encanta esta imagen de Dios que viene a morar con nosotros. De nuevo, esta es una manera útil de pensar en lo que sucede en este momento de *lectio divina*. Somos las ramas en la vid, que obtenemos vigor de la fuente de toda vida, Jesucristo, quien acaba de hablar con nosotros. Somos la morada de Dios a medida que lo amamos y obedecemos sus enseñanzas.

Hemos escuchado hablar al Espíritu (*lectio*), hemos meditado en la Palabra de Dios (*meditatio*), y hemos respondido con una oración que ha surgido de este tiempo (*oratio*). *Contemplatio* es disfrutar de la presencia de Dios.

Hemos escuchado la historia. Cuando oras un pasaje de la Biblia utilizando *lectio divina* es como aquel momento en el camino a Emaús cuando los dos discípulos escuchaban a Jesús hablar sobre cómo él cumple las Escrituras. Escuchamos su historia.

Preguntas para la vida

Elige un pasaje y ora utilizando *lectio divina*. ¿Qué fue fácil al escuchar la historia? ¿Qué fue difícil al escuchar la historia?

Capítulo 4

Escuchar la historia: Camino a Emaús

Parte 2: contemplación ignaciana

Si tuvieras la oportunidad de estar presente en cualquiera de los eventos de la vida de Jesús, ¿cuál elegirías? ¿Te gustaría estar en Caná y ver las caras de asombro del camarero y el novio cuando les dicen que el mejor vino que habían probado en su vida era simplemente agua unos minutos antes (Jn 2.1–11)? ¿O elegirías estar en la multitud de más de cinco mil personas alimentadas con unos pocos panes y pescados, y que todavía hay comida de sobra (Mt 14.13-21)? ¿O tal vez te gustaría estar presente en esa primera Nochebuena (Lc 2.1–20)? ¿O cuando Jesús cambió la vida de Zaqueo (Lc 19.1–10)? ¿O cuando Jesús contó la historia del buen samaritano a un experto de la ley (Lc 10.25–37)? ¿O cuando fue arrestado en el huerto de Getsemaní (Jn 18.1–14)? ¿Podrías soportar verlo en la cruz (Mr 15.21–41)? ¿Te atreverías a acercarte a su tumba para hablar con los ángeles y unirte al llanto de María mientras buscaba a su Señor (Jn 20.1–18)? ¿En cuál evento de la vida de Jesús elegirías estar presente?

Recuerda que hemos estado pensando en cómo nuestras vidas pueden desenvolverse. Cómo vivimos una historia, cómo la escuchamos y cómo la narramos. Imagina el impacto de experimentar un evento de la vida de Jesús (escuchando una historia). Imagina la diferencia que eso produciría en la historia que vivimos y que narramos.

En el capítulo anterior aprendimos una manera de escuchar la historia: *lectio divina*. *Lectio divina* puede usarse para orar todo tipo de pasajes en la Biblia. Pero para las historias de la Biblia (especialmente las historias sobre Jesús) existe otra manera de orar, que se conoce como la contemplación ignaciana. Esta segunda manera de orar puede hacerte parte de la historia de Jesús como si estuvieras allí. Sin embargo, al igual que cuando utilizas *lectio divina*, es importante orar las Escrituras antes de hacer cualquier tipo de preparación o estudio para tu sermón. Ora el texto, después estudia el texto. Esto te asegurará que hayas escuchado la historia antes de narrarla.

Cuando ores las Escrituras utilizando la contemplación ignaciana puedes seguir esta simple guía:

1. Una oración para comenzar
2. Una historia que leer
3. Un lugar que imaginar
4. Una gracia que desear
5. Un evento que experimentar
6. Una conversación que tener

1. Una oración para comenzar (Oración de preparación)[1]

Antes de comenzar a leer el pasaje de la Biblia, la primera parte de la contemplación ignaciana es orar de una manera muy específica. Podemos resumirlo citando el Salmo 46.10: «Quédense quietos, reconozcan que yo soy Dios». Calma tu corazón y mente y toma consciencia de lo que está por ocurrir y por qué. Entrarás a la historia de Jesús en oración, para que puedas narrar mejor su historia en tu predicación. «Quédense quietos, reconozcan que yo soy Dios». Quédate quieto y toma consciencia del amor de Dios hacia ti y hacia todos los que escucharán el mensaje que predicarás. Recuerda que él es Dios, el Dios de amor, gracia y verdad. Considera cómo la Biblia habla de la extravagante generosidad de Dios y su abundante bondad. Él derrama su amor sobre nosotros para que seamos llamados hijos de Dios (1Jn 3.1). Él es el Dios que ha dado gracia sobre gracia, y de su plenitud todos hemos recibido gracia sobre gracia (Jn 1.16). Él es

---

1. Verás que los subtítulos en la siguiente sección tienen otro título en paréntesis. Por ejemplo, Una oración para comenzar (Oración de preparación). Los títulos en paréntesis son los títulos formales que usualmente se dan a cada parte de la oración. Los incluyo por si acaso lees sobre este tipo de oración en otros libros y te encuentras con estos títulos.

el Dios que nos libera por medio de su verdad (Jn 8.32). Tranquilízate en la presencia del Dios de amor, gracia y verdad. Quédate quieto.

2. Una historia que leer (Primer preludio: trama)

El siguiente paso es obvio. Lee la historia del Evangelio del cual predicarás. Lo que podría no ser tan obvio, sin embargo, es cómo la leerás. Léela más de una vez. A menudo las historias sobre Jesús son muy familiares. Las hemos leído mucho y las hemos escuchado predicar mucho. Entonces, ya que son familiares, fácilmente podemos volvernos sordos y ciegos a sus detalles. Lee y vuelve a leer el pasaje del Evangelio hasta que esté fresco en tu corazón y en tu mente. Si la historia que estás leyendo aparece en más de un Evangelio, lee también las otras versiones. Léela cuantas veces sea necesario.

Otra manera importante de leer la historia es hacerlo en voz alta. Cuando la lees en voz alta, pronuncias y escuchas cada palabra que la Biblia utiliza para describir la historia. Cuando leemos en silencio es más fácil pasar por alto algunos detalles. Cuando leemos en voz alta es más fácil concentrarse en ellos. Déjame darte un ejemplo.

¿Recuerdas el pasaje en Marcos 8 donde Jesús pregunta a sus discípulos «¿Quién dice la gente que soy yo?» (v. 27). Los discípulos dan varias respuestas, y luego Jesús les pregunta: «Y ustedes, ¿quién dicen que soy yo?» (v. 29). Pedro dice: «Tú eres el Cristo». Entonces Jesús comienza a hablar sobre su sufrimiento, muerte y resurrección. Leemos entonces que «Pedro lo llevó aparte y comenzó a reprenderlo» (v. 32). Permíteme hacerte una pregunta. Sin abrir tu Biblia, ¿qué pasó después?

He hecho esta pregunta en varios grupos y la respuesta es siempre la misma: «Jesús reprendió a Pedro: «¡Aléjate de mí, Satanás!». ¿Es esa también tu respuesta? Definitivamente es como yo hubiera respondido esa pregunta, hasta que leí la historia en voz alta y despacio.

Un día al preparar un sermón utilizando la contemplación ignaciana para orar acerca de este pasaje, leí Marcos 8.27-33 en voz alta. Por primera vez noté que antes de que Jesús reprendiera a Pedro, algo más ocurre que es muy importante. Algo que nunca había notado al leer este pasaje en silencio.

Después de que Pedro reprendiera a Jesús y antes de que Jesús reprendiera a Pedro, leemos en el versículo 33: «Pero Jesús se dio la vuelta, miró a sus discípulos, ...», solo después de hacer eso Jesús reprende a Pedro. Marcos no explica qué fue lo que Jesús vio o pensó cuando se dio la vuelta y miró a sus discípulos. Pero algo pasó en ese momento. Pedro llevó a Jesús aparte del grupo y Jesús se da la vuelta para ver a los discípulos antes de responder a Pedro. Entonces la reprimenda de Jesús no solamente fue una respuesta a Pedro, era también una respuesta a lo que observó en la cara de los discípulos. Él también estaba pensando en ellos. Me pregunto qué más perdemos de vista cuando leemos las Escrituras rápidamente y silenciosamente en nuestras mentes.

Lee la historia varias veces y léela en voz alta.

3. Un lugar para imaginar (Segundo preludio: composición del lugar)

Hasta aquí ya has leído (y escuchado) la historia varias veces. Estás listo para la siguiente parte de tu preparación. Antes de que realmente te sumerjas en la oración, imagina la escena en tu mente. Por ejemplo, digamos que estás predicando acerca de la alimentación de los cinco mil en Mateo 14.13-21. En el versículo 13 vemos que Jesús «se retiró él solo en una barca a un lugar solitario». Después de que la multitud se le acercara, les dijo que se sentaran en la hierba (v. 19). Imagina cómo seria este «lugar solitario». ¿Está cerca del agua? ¿Está azotado por el viento? ¿Es una colina solitaria cubierta de hierba? ¿Es una zona plana cubierta de hierba? ¿Hay muchos árboles? El relato del Evangelio no nos da muchos detalles sobre cómo era exactamente el lugar, por lo que tenemos que imaginar cómo pudo haber sido. No te preocupes por equivocarte... porque no puedes hacerlo. Te estás imaginando una escena campestre donde Jesús realizó un milagro. Si crees que se llevó a cabo en una colina o en un área plana cubierta de hierba no afecta lo que sucede en la historia. No te preocupes si crees que no tienes una buena imaginación. En realidad sí la tienes. Si te pidiera que me narrases acerca de tu casa, estoy seguro de que me la describirías muy bien. Necesitas imaginación para hacer eso. Si te pido que pienses en tu comida favorita y que me cuentes al respecto, de nuevo estoy seguro de que lo podrías hacer. No te preocupes por la imaginación que crees que no tienes; disfruta de la que sí tienes. Una vez que tengas una imagen en mente, estás casi listo para empezar tu tiempo de oración. Sin embargo, hay una cosa más que pedirle a Dios.

4. Una gracia que desear (Tercer preludio: pidiendo la gracia deseada)

A estas alturas ya te aquietaste ante la presencia de Dios, quien te ama profundamente. Luego, leíste y releíste el pasaje de las Escrituras que vas a predicar. Y, porque has leído la historia en voz alta, has escuchado la Palabra de Dios. Estás renovado y recordaste todos los detalles de la historia. A continuación, imaginaste cómo se vería el lugar donde la historia ocurrió. Ahora le vas a pedir a Dios algo especial: gracia.

Al hacer esta petición, estás pidiendo por un conocimiento profundo y personal de Jesús tu Señor. Estás pidiendo conocerle de una manera más profunda y amplia mediante la oración. Una manera de describir esta oración es «pedir por la gracia deseada». Le estás pidiendo a Dios que te dé una experiencia específica de su gracia durante este tiempo de oración en particular. La gracia que tú pides será diferente a la que pide otra persona. El contenido de tu oración será moldeado por todo lo que ha sucedido hasta este punto en tu tiempo de oración. Desde la primera parte, cuando permaneciste en silencio delante de Dios, luego durante tu tiempo de lectura de las Escrituras y cuando imaginaste el lugar donde ocurrió el evento, un deseo pudo estar creciendo en tu corazón. Puedes confiar que el Espíritu Santo está formando ese deseo. Cualquier necesidad que sientas o cualquier solicitud que venga a tu mente, confía en la guía del Espíritu Santo en todo. El Espíritu Santo sabe lo que necesitas y lo que se necesita para el sermón que estás preparando.

Hay tan solo una pauta de dirección sobre esto. La gracia que deseas debe estar en consonancia con el espíritu de la historia. Así, por ejemplo, si la Escritura que estás orando se centra en la crucifixión, no pedirás: «Señor, dame gozo en el transcurso de mi oración». Tu oración estaría más en línea si oraras «Señor, dame una nueva conciencia de mi pecado y de tu gran perdón». Del mismo modo, si estuvieras orando las Escrituras acerca de la resurrección de Jesús, tu petición seria por la gracia de la alegría en la victoria de Jesús en lugar de tristeza por la maldad del mundo. «Pedir la gracia deseada» es una oración humilde. Pedimos la gracia deseada sabiendo que Dios responderá a su manera.

5. Un evento que experimentar (Contemplación de los Evangelios)

Recordemos los elementos de la oración que hemos visto hasta aquí.

1. Una oración para comenzar – te has aquietado ante la presencia del Dios de amor.
2. Una historia que leer – has leído y releído la historia del Evangelio en voz alta.
3. Un lugar que imaginar – has imaginado cómo seria el lugar donde el evento de la vida de Jesús ocurrió.
4. Una gracia que desear – has pedido a Dios por la gracia deseada de acuerdo al espíritu de la historia.

Ahora viene la parte divertida. A estas alturas ya conocerás muy bien la historia bíblica en la que te estás concentrando. Sabes dónde sucedió (por ejemplo, en el mar de Galilea o en el patio de la casa del sumo sacerdote donde Pedro se calentaba al lado del fuego). Ya sabes quiénes estaban allí (por ejemplo, las multitudes o tal vez personas como María y Marta cuyos nombres conocemos). Sabes qué se dijo (por ejemplo, alguien le hizo una pregunta a Jesús o los fariseos lo acusaron). Sabes qué ocurrió (por ejemplo, Jesús se perdió en Jerusalén cuando tenía doce años o Jesús sanó a alguien). Sabes cuándo pasa (por ejemplo, era de noche o de día). Claro que no todas las historias de los Evangelios te darán los mismos detalles, pero te darán los suficientes.

Ahora imagina cómo se desarrolla la historia de los Evangelios como si estuvieras viendo una película. O como cuando lees un libro y te imaginas a los personajes y los eventos de la historia. Sigue el orden de los eventos y el diálogo como aparecen en las Escrituras. Sin embargo, ahora tú estás en la historia. Imagina que estás ahí cuando ocurre la historia. Puedes imaginar que eres parte de la multitud. O uno de los discípulos. O podrías ser alguien que está parado a un lado simplemente mirando y escuchando todo lo que ocurre. Entonces, en oración, imagina el evento de la vida de Jesús como si estuvieras presente. Utiliza tus cinco sentidos para ayudarte a experimentar la historia en tu imaginación. Para ayudarte a hacer esto, puedes hacerte las siguientes preguntas:[2]

¿Qué es lo que veo?

Mira a la gente y lo que están haciendo. ¿Cómo se ve el hombre poseído cuando está tan atormentado que puede romper cadenas (Mr 5.1-20)? ¿Y qué aspecto tiene cuando está vestido y en su sano juicio, después de que el poder de Jesús lo libera? ¿Cuál es la expresión de la mujer que tenía un sangrado durante doce años cuando Jesús pregunta quién lo ha tocado (Mr 5.33–34)? ¿Cómo se ve Jesús cuando está en el Monte de la Transfiguración (Mr 9.2–10)? ¿Qué está haciendo la multitud cuando Zaqueo trata de ver a través de ellos para vislumbrar a Jesús (Lc 19.1–10)? ¿Cuál es la expresión de Judas cuando toma el pan y Satanás entra en él (Jn 13.26-27)? ¿Cómo se ve la multitud que arresta a Jesús (Jn 18.1–13)? ¿Cómo se veían los ángeles que estaban en la tumba vacía (Jn 20.11–13)?

¿Qué es lo que escucho?

Escucha a Jesús y a otros mientras hablan en la historia. Pon atención a lo que dicen. Escucha los otros sonidos en la historia. Tal vez puedes escuchar los sonidos del mercado, por ejemplo. O si estas orando la historia cuando Jesús purificó el templo (Jn 2.13-22) imagina todos los sonidos que escucharías estando ahí. ¿Cómo suenan los ángeles en la primera Nochebuena mientras celebran el nacimiento del Rey (Lc 2.13-22)? ¿Puedes escuchar a las multitudes gritar «¡Hosanna al Hijo de David! ¡Bendito el que viene en el nombre del Señor!» (Mt 21.9-10)? ¿Cómo suenan los dos ladrones crucificados a cada lado de Jesús mientras uno se burla de Jesús y el otro lo defiende (Lc 23.39-43)?

---

2. He utilizado ejemplos de una amplia gama de historias de la vida de Jesús, para ilustrar las diferentes formas en que puedes usar tus sentidos físicos para ayudar a tu imaginación. Cuando estás orando como parte de tu preparación, te enfocarás solo en una historia.

¿Qué es lo que toco?

Algunas historias cuentan cómo Jesús tocó los ojos de un hombre ciego. Escuchamos sobre la mujer que lloró a los pies de Jesús y secó sus pies con sus cabellos (Lc 7.36-50). ¿Y qué de Tomas cuando fue invitado por el Jesús resucitado a tocar sus heridas (Jn 20.24-29)? Diferentes historias dan la oportunidad de ser tocados o de tocar a alguien o a algo. Por ejemplo, tal vez eres uno de los discípulos que sacan las redes con la captura milagrosa de pescados (Jn 21.6). ¿Sientes la red a medida que la agarras y te esfuerzas por subirla a bordo? ¿Sientes los pescados mientras saltan en el bote? ¿Sientes el agua llenando un lado del bote, y que éste casi se hunde por la cantidad de pescados? ¿Estás orando la historia en Juan 13 cuando Jesús lava los pies de sus discípulos? ¿Cómo se siente que él te toque mientras limpia la suciedad y la mugre de tus pies?

¿Qué es lo que saboreo?

Un día sábado Jesús y sus discípulos caminaban por los campos sembrados cuando los discípulos comenzaron a comer las espigas de trigo (Mt 12.1–8). Únete a ellos y prueba el trigo (mientras escuchas la respuesta de Jesús a la enojada queja de los fariseos al respecto). ¿A qué sabe ese vino en Caná (Jn 2.1–11)? ¿Probaste algunos de los panes y pescados en la alimentación de los cinco mil (Lc 9.10–17)? ¿O el pan y el vino en la última cena (Mt 26.17–30)? ¿Qué pasa con el pescado cocinado sobre carbones calientes y el pan que Jesús prepara a orillas del mar de Galilea (Jn 21.1–14)?

¿Qué olores siento?

Cuando Jesús nació, los sabios de Oriente trajeron regalos. ¿Puedes oler el incienso y la mirra (Mt 2.11)? Leemos sobre María ungiendo a Jesús en Betania y la fragancia del perfume impregnando la casa (Jn 12:1–8). ¿Puedes describir el aroma? Marta trabaja en la cocina preparando comida para todos mientras María se sienta a los pies de Jesús (Lc 10:38–42). ¿Los olores de la comida entran en la habitación donde Jesús está hablando y María escuchando? Lucas 24 comienza con las mujeres que van a la tumba con las especias que habían preparado para el cuerpo de Jesús. ¿Cuál es el aroma de estas especias mientras se esparce por el jardín muy temprano en esa primera mañana de Pascua?

> Escucha a Jesús y a otros mientras hablan en la historia. Pon atención a lo que dicen. Escucha los otros sonidos en la historia.

Utilizar tus cinco sentidos físicos te ayuda a imaginar la escena como si estuvieras presente en la historia.

Tu tiempo de oración es un tiempo cuando, bajo la guía del Espíritu Santo, experimentas los paisajes, sonidos y eventos de la historia del Evangelio que vas a predicar. Tu tiempo de oración es para que formes parte de un evento de la vida de Jesús como está descrito en las Escrituras. De principio a fin. Una vez que hayas orado la historia de este modo, puedes terminar tu oración con un tiempo muy especial con Jesús.

6. Una conversación que tener (coloquio)

A estas alturas ya has visto, oído y experimentado mucho. ¿No dirías que es hora de narrarle a un amigo todo lo que pasó? Terminaremos este tiempo de contemplación ignaciana hablando con Jesús como «un amigo comparte con otro». Mientras orabas posiblemente tuviste pensamientos y sentimientos sobre lo que has experimentado. Tendrás nuevas ideas, nuevas preguntas, una nueva pasión y visión. Una vez dirigí a un pequeño grupo de personas a través de este tipo de oración. La historia del Evangelio que oramos fue cuando Jesús limpió el templo. Había una joven mujer en el grupo que se imaginó a sí misma como comerciante en el templo, vendiendo cosas a los adoradores. Cuando Jesús entró y volcó las mesas y desparramó todo (incluyendo su mesa), ella se enojó mucho. Ella se me acercó después para hablarme del tema porque sintió que su ira no estaba bien. El tiempo de oración había expuesto un área en su vida que no quería que Jesús tocara y controlara. Este tiempo de hablar con Jesús «como de un amigo a otro» es un momento en el que le puedes decir a Jesús cómo te sientes y qué estás pensando honestamente —especialmente si en tu oración sentiste emociones intensas como enojo o tristeza o pensamientos fuertes como una nueva idea o un recuerdo perturbador. Muchos temas pueden salir a la superficie en tu tiempo con Jesús. Puede ser que llegues a un compromiso más profundo con Dios, o un mayor compromiso de servir a Dios y amar a los demás. Una forma de entender tu momento de oración es que has tenido la oportunidad de amar al Señor tu Dios con todo tu corazón, alma y mente. Ahora el tiempo de hablar con Jesús se enfoca en amar a tu prójimo como a ti mismo (Mt 22.37–39). O, en otras palabras, ¿cómo cambiará tu vida debido a la oración que acabas de experimentar? Las respuestas a estas preguntas y a este tiempo de hablar con Jesús, como con un amigo, te prepara para el sermón que escribirás como resultado de este tiempo de oración.

Este tiempo de oración contemplativa ignaciana es cuando escuchas la historia.

Podríamos decir que comienzas tu tiempo de oración habiendo vivido la historia, luego escuchas la historia al orar las Escrituras, y ahora estas empoderado para narrar la historia de una nueva manera.

Al igual que *lectio divina*, la contemplación ignaciana nos ayuda a escuchar la historia de Jesús. Nos convertimos en los discípulos en el camino a Emaús mientras escuchan a Jesús hablar sobre cómo él cumple las Escrituras.

Escuchamos su historia.

Después de haber escuchado cuidadosamente, somos como sus discípulos retornando a Jerusalén llenos de las buenas nuevas de Jesucristo.

Tenemos una historia que narrar.

Recuerda la propuesta de este libro: en la vida, todos nosotros estamos viviendo una historia, escuchando una historia y narrando una historia. Muchas veces ni siquiera lo pensamos porque la historia que vivimos, escuchamos y narramos es lo que hacemos desde el momento en que nos despertamos cada día. Nuestro vivir, escuchar y narrar es lo que constituye nuestra vida. Todos estamos viviendo vidas que necesitan la intervención del mensaje y la palabra de Cristo. Así que el punto de partida son vidas que tienen una mezcla de fidelidad e infidelidad a Dios. La historia que vivimos está en constante necesidad de «escuchar la historia de Cristo» para que la «historia que narramos» cambie y por lo tanto la «historia que vivimos» cambie.

La historia del camino a Emaús nos muestra a dos discípulos viviendo una historia (caminando con tristeza sin haber entendido la historia de Jesús), escuchando una historia (mientras Jesús comenzando con Moisés y los profetas les demuestra cómo él cumple las Escrituras), y narrando una historia (al retornar a Jerusalén con las buenas noticias de la resurrección).

Ahora sigamos el proceso de escribir nuestro sermón utilizando *lectio divina* y la contemplación ignaciana. En los siguientes dos capítulos te llevaré por el proceso y podrás observar cómo yo oro un pasaje de las Escrituras y seguidamente escribo la estructura de un sermón.

Preguntas para la vida

Elige un pasaje bíblico utilizando la contemplación ignaciana. ¿Qué fue fácil al escuchar la historia? ¿Qué fue difícil al escuchar la historia?

Capítulo 5

Escuchar utilizando la *lectio divina*

Preparación de un sermón: 1 Crónicas 22.17-19

Oración de preparación

Comienzo mi tiempo de oración teniendo en cuenta todas las tareas que me esperan después de orar. Esto es una presión. Luego están los ruidos afuera de la habitación donde estoy orando. Esto es una distracción. Sin embargo, empiezo a enfocarme en la tarea de orar las Escrituras. Todo el ajetreo, las tareas que necesito cumplir para hoy y mañana, los ruidos que me distraen desde afuera; todo eso puede esperar. Este tiempo de oración es mi realidad y mi ahora. Y entonces le pido a Dios que calme mi mente y mi alma. Pido gracia para entregarme a Dios. Comienzo a sentir el efecto de Dios respondiendo a mi oración.

Lectio (lee en voz alta)

Me dirijo al pasaje de las Escrituras que estaré orando y predicando. Para los fines de este capítulo le pedí a mi esposa que eligiera el pasaje. No quiero elegir uno de mis pasajes favoritos o un pasaje que creo que será fácil de predicar. Al pedirle a mi esposa que elija, me comprometo a sumergirme en el texto sin importar cuál sea. Quiero mostrarte que la disciplina de predicar incluye predicar pasajes de las Escrituras que pueden ser nuevos o difíciles para uno. Sin embargo, todavía debemos predicarlos. Si estás en una iglesia que sigue un leccionario, tendrás que predicar pasajes que no necesariamente hubieras elegido. O si estás predicando una serie de un libro de la Biblia, encontrarás partes de las Escrituras que tal vez quieras pasar por alto. Sin embargo, una buena predicación expositiva requiere que prediquemos todo el propósito de Dios (Hch 20.27).

El pasaje que mi esposa eligió es 1 Crónicas 22.17-19. No conozco este pasaje.

> Después David les ordenó a todos los jefes de Israel que colaboraran con su hijo Salomón. Les dijo: «El Señor su Dios está con ustedes, y les ha dado paz en todo lugar. Él ha entregado en mi poder a los habitantes de la región, y estos han quedado sometidos al Señor y a su pueblo. Ahora, pues, busquen al Señor su Dios de todo corazón y con toda el alma. Comiencen la construcción del santuario de Dios el Señor, para que trasladen el arca del pacto y los utensilios sagrados al templo que se construirá en su honor».

Comienzo mi *lectio*: leo el pasaje en voz alta seis veces. Mientras leo estoy escuchando con cuidado para captar si una palabra, frase u oración en particular llama mi atención. En la primera lectura tomo nota de una oración. Sin embargo, quiero estar seguro de que esta es la parte de la lectura que el Espíritu me está indicando. Así que leo el pasaje otras cinco veces. Cuando lees y oras un pasaje de la Escritura de esta manera, tú decides cuántas veces quieres leer el texto. En algunas ocasiones serán más veces y en otras menos. No hay una regla establecida.

La parte de 1 Crónicas 22.17–19 que me llama la atención está en el versículo 19: «Ahora, pues, busquen al Señor su Dios de todo corazón y con toda el alma». Aunque esta parte de la oración, *lectio*, es simplemente el momento en el que uno lee el texto, empiezo a pensar en los versículos que estoy leyendo. Entonces puedo pasar a la siguiente parte de la oración, *meditatio*. No me esfuerzo demasiado por retener mis pensamientos. Al usar *lectio divina*, cualquiera de las cuatro partes (*lectio*, *meditatio*, *oratio*, *contemplatio*) puede comenzar a ocurrir en cualquier momento. Recuerdo que estoy orando a Dios y por medio del Espíritu de Dios cualquier cosa puede suceder, y en cualquier momento. Así que no intento controlar este tiempo. Estoy hablando con Dios sobre el pasaje de las Escrituras y Dios está hablando conmigo.

El tipo de cosas que me viene a la mente es variado.

Pienso sobre el hecho de que Salomón es el hijo de David y Betsabé. Recuerdo los terribles eventos que terminan con el nacimiento de Salomón (2S 11.1–12.25). Luego pienso en cómo estas palabras de 1 Crónicas 22 describen el descanso que Dios le ha dado a Israel. Pienso en cómo la tierra y sus habitantes están sujetos al Señor. Reflexiono brevemente sobre el arca del pacto y los artículos sagrados que están destinados a un gran lugar de adoración al nombre del Señor. En todo esto, sin embargo, las palabras del versículo 19 aún me llaman la atención:

> «Ahora, pues, busquen al Señor su Dios de todo corazón
> y con toda el alma».

Meditatio (Piensa profundamente)

Ahora, deliberadamente, empiezo a pensar profundamente acerca de por qué las palabras del versículo 19 me llamaron la atención en mi tiempo de lectura.

Para empezar, pienso en el patrón y en la forma de la historia antes del versículo 19.

El versículo 18 habla sobre la actividad de Dios para traer descanso a la nación de Israel. Es como si Dios hubiera preparado el camino para que la gente pueda dedicarse a buscar a Dios (v. 19). Pienso en la historia de Israel, el éxodo y Dios llevando a Israel a la tierra prometida.

Mis pensamientos saltan de aquí para allá a toda velocidad. Diferentes temas rápidamente vienen a mi mente y no parecen seguir ningún tipo de orden.

Estaba pensando en el éxodo, y ahora de repente pienso en Juan el Bautista preparando el camino para Jesús (Mr 1.1-8).

Después pienso en Romanos 5.8: «Pero Dios demuestra su amor por nosotros en esto: en que cuando todavía éramos pecadores, Cristo murió por nosotros». Pienso en cómo eso es un ejemplo de

Dios preparando el camino para que su pueblo pueda descansar y dedicarse a buscar a Dios.

Tal vez todos estos pensamientos están entrelazados por el pensamiento común, que Dios prepara el camino para que su pueblo se encuentre con él.

Luego pienso en el templo al final del versículo 19 y en cómo Salomón lo construyó. Mi mente se va a Juan 2 cuando Jesús habla de sí mismo como el templo.

Recuerdo otro versículo sobre Dios que prepara el camino: «Nosotros amamos porque él nos amó primero» (1Jn 4.19). Este versículo viene a mi mente por la descripción en 1 Crónicas 22.18 de la paz y el descanso y cómo eso lleva a un llamado a dedicarse a buscar a Dios (v. 19). Pienso en cómo la gracia de Dios me da la oportunidad de buscarlo, conocerlo y amarlo (vv. 17-18). También me percato de que después de las palabras del versículo 19 y el llamado a dedicarse a buscar al Señor, hay un llamado para llevar utensilios sagrados a Dios (v. 19).

Como puedes ver, estoy teniendo muchos pensamientos; tal vez incluso parezcan desordenados. Eso no me preocupa. Sé que Dios está conmigo y que estoy orando las Escrituras. Confío que Dios me ayudará y que los pensamientos más importantes quedarán claros.

Comienzo a enfocarme en una pregunta específica: ¿Por qué me llama la atención el versículo 19?

En este momento empiezo a sentirme emocionado. Aunque he estado pensando en la historia de Israel hasta 1 Crónicas 22 y en el ministerio de Jesús más adelante en las Escrituras, he estado pensando. Esa es una parte importante de *meditatio*, pero de repente estoy sintiendo algo. Me doy cuenta de que las palabras del versículo 19 tocan un anhelo en mi corazón. Las palabras, «busquen al Señor su Dios de todo corazón y con toda el alma», tocan lugares en mi corazón y tiempos en mi vida cuando perdí mi primer amor por Jesús (Ap 2.4). Estos son recuerdos de cuando fallé en mi dedicación a Dios y no lo busqué.

Medito sobre cómo Dios prepara mi camino y cómo puedo responderle. Me desafía pensar que hubo temporadas muy ocupadas en mi vida cuando tal espiritualidad (estar consciente de que Dios está preparando un camino en mi vida) y servicio (responder a Dios) no tenía como centro estas palabras:

«Ahora, pues, busquen al Señor su Dios de todo corazón y con toda el alma».

Las palabras que vienen antes del versículo 19a describen el significado de la espiritualidad: Dios está con Israel (v. 18). Las palabras que vienen después del versículo 19a describen el servicio: construir el templo y llenarlo (v. 19b-c).

¿Es posible decir que uno es espiritual y que sirve a Dios y no estar dedicado a Dios ni buscarlo? ¡Sí! Recuerdo haber hecho exactamente eso. Recuerdo lo que siento cuando actúo de ese modo. Por eso me siento emocionado. Recuerdo esos tiempos y me doy cuenta de que todavía puedo ser así: creyendo ser espiritual y servicial, pero sin estar dedicado a buscar al Señor mi Dios. La Escritura me desafía.

¿Por qué me llama la atención el versículo 19? Para mí, este versículo es un llamado a volver a casa. Pienso en el gran teólogo de siglos atrás, Agustín, quien escribió: «la Biblia es una carta desde casa». Estas pocas palabras de 1 Crónicas 22, que tienen miles de años, me están hablando a mí el día de hoy. Esta es la maravilla de la presencia de Dios y el poder de la Biblia. Es un llamado a volver a casa. Es un llamado a acercarme a Dios. Es un desafío a dedicarme a buscar a Dios mi Señor.

Empiezo a pensar en el hijo pródigo (Lc 15.11-32). Pienso en el momento en que el hijo prodigo «por fin recapacitó» (Lc 15.17). Antes de aquel momento, había sucedido mucho. Sin embargo, cuando recapacita, el hijo pródigo decide volver a su padre. Su corazón y mente lo están llevando de vuelta a casa. Este momento parece ilustrar las palabras: «Ahora, pues, busquen al Señor su Dios de todo corazón y con toda el alma». El pródigo imagina que vuelve a casa para ser un sirviente. Sin embargo, el padre tiene otras ideas y se convierte en un tiempo de celebración, reconciliación y compañerismo. Mientras pienso —este es el tiempo de *meditatio*— me pregunto si hay algún tipo de conexión entre 1 Crónicas 22.17-19 y la historia del hijo pródigo. Me pregunto si no será que ambos tienen en su centro un llamado a «buscar al Señor su Dios de todo corazón y con toda el alma». A fin de cuentas, el rey David sabía lo que significaba ser hijo pródigo. La mención de su hijo Salomón en Crónicas 22.17 nos recuerda que David pecó al cometer adulterio con Betsabé y al asesinar a su esposo Urías.

«Ahora, pues, busquen al Señor su Dios de todo corazón y con toda el alma». Aquí está el lugar silencioso. Aquí está el sentido de la vida. De nuevo, las palabras de Agustín me vienen a la mente: «Nos has hecho, Señor, para ti y nuestro corazón está inquieto hasta que descanse en ti». Cuando dedico mi corazón y alma a buscar a Dios encuentro descanso. Como David. Como el hijo pródigo. Como la nación de Israel.

Pienso en cómo este mensaje de 1 Crónicas 22 está diciendo «Dondequiera que estés, Dios ha hecho algo y Dios todavía tiene algo que hacer. Y dentro de eso está el llamado a "dedicar tu corazón y alma a buscar al Señor tu Dios"».

Oratio (Ora honestamente)

Al culminar esta parte, se empieza a formar —de manera natural— una oración.

> «Señor Jesús, ayúdame a verte en medio de todo lo que está pasando. Ayúdame a ver lo que has hecho y lo que estás haciendo. Ayúdame a dedicarme a buscarte con todo mi corazón y alma, para que mi alma inquieta encuentre descanso en ti».

Contemplatio (Descansa tranquilamente)

La última parte de *lectio divina* me invita a simplemente descansar en el Señor. A empezar a tranquilizar mi mente y mi corazón. Mirar a Jesús como él me mira a mí. El hecho de que el pasaje que he estado orando habla de descanso y la mención del templo como apuntando a un lugar duradero y eterno de adoración y descanso, me ayudan en este momento de *contemplatio.*

Las palabras que me impactaron, «Ahora, pues, busquen al Señor su Dios de todo corazón y con toda el alma», se están cumpliendo mientras me siento con el Señor. Este es un tiempo sin esfuerzo.

Entonces siento la invitación a orar el Padrenuestro. Lo hago y termino mi tiempo de *lectio divina.*

Desde que comencé hasta que terminé ha transcurrido un poco menos de una hora.

Vivir una historia, escuchar una historia, narrar una historia

Ahora comienzo a estudiar y a escribir mi sermón. Pero mi estudio para el sermón esta coloreado por mi experiencia de oración. Cuando por primera vez llegué al pasaje, había estado caminando en el camino a Emaús (viviendo una historia). Tenía tareas que hacer tanto ese día como en los días siguientes. Cuando comencé a orar, las distracciones amenazaron con alejarme de este tiempo. Luego, al orar 1 Crónicas 22.17–19 por medio de *lectio divina*, Jesús comenzó a hablar conmigo y yo con él. En Lucas 24, cuando Jesús expuso las Escrituras para los dos discípulos en el camino a Emaús, ambos pudieron entender mejor el plan de Dios. Así es cuando tú y yo oramos las Escrituras usando este antiguo método de oración. Este es el momento en el cual el predicador «escucha una historia». Ahora comienzo a preparar el sermón sobre 1 Crónicas 22.17–19. Estoy «narrando una historia». Los dos en el camino a Emaús regresaron a Jerusalén para narrarles a los demás: «he visto al Señor», y un sermón que nace de la oración y la preparación tendrá el mismo mensaje. Tú también estarás delante de tu gente y dirás: «¡He visto al Señor!».

Bosquejo del sermón

Durante mi oración tuve muchos pensamientos y contemplé otros pasajes de las Escrituras que me vinieron a la mente. También estoy consciente de que gran parte de mi oración se centró en mi relación con Dios. Sin embargo, el pasaje de 1 Crónicas 22 se enfoca en la relación de una nación con Dios. Me doy cuenta de que, al seguir estudiando este pasaje y colocarlo en su contexto histórico, tendré que estudiarlo como un mensaje a una comunidad de fe y no solo a un individuo. Sin embargo, este pasaje es también un mensaje de un solo líder (David) a otros líderes (de Israel) acerca de un individuo (Salomón). Me siento cómodo con el enfoque personal que he usado durante mi tiempo de oración porque, en un nivel, todos necesitamos responder a Dios como individuos. Sin embargo, si la forma final de mi sermón se queda solo en el nivel individual, no habré predicado la verdadera carga del texto. Así que debo asegurarme de estudiar el texto con ambos niveles en mente.

Las palabras de este pasaje de las Escrituras cobran vida en mi corazón. El desafío de dedicarnos a buscar al Señor será la esencia del sermón. Las palabras de 1 Crónicas 22 en las que me centré durante *lectio divina* aparecen en el centro del pasaje (1Cr 22.17–19). Me doy cuenta de que este pasaje tiene una estructura propia y comienzo a organizar un bosquejo inicial del sermón a partir de estos versículos.

1. Lo que tenía que pasar antes: Dios preparó una casa (vv. 17-18)

   > Después David les ordenó a todos los jefes de Israel que colaboraran con su hijo Salomón. Les dijo: «El Señor su Dios está con ustedes, y les ha dado paz en todo lugar. Él ha entregado en mi poder a los habitantes de la región, y estos han quedado sometidos al Señor y a su pueblo».

2. Lo que necesita ocurrir ahora: nos volvemos hacia nuestra casa (v. 19a)

   > Ahora, pues, busquen al Señor su Dios de todo corazón y con toda el alma.

3. Lo que tiene que ocurrir a continuación: Dios habita la casa (v. 19b-c)

   > Comiencen la construcción del santuario de Dios el Señor, para que trasladen el arca del pacto y los utensilios sagrados al templo que se construirá en su honor.

Reviso este esquema y algo no me parece del todo correcto. Sin embargo, el efecto de la *lectio divina* sigue conmigo. Han pasado varias horas desde que oré. Sin embargo, todavía tengo la experiencia muy presente en mi corazón y mi mente. Tú también lo experimentarás. El tiempo de oración es como una planta que echa raíces en tu vida. Muchos siglos atrás los monjes benedictinos rezaban usando *lectio divina*. Ellos leían, oraban y trabajaban. Así que incluso después de haber escuchado las Escrituras y de haber orado el pasaje usando *lectio divina*, continuaban orando mientras realizaban sus tareas diarias. La Palabra continuaba hablando. Descubro que me pasa lo mismo mientras continúo con otros trabajos y actividades. Sigo luchando con la idea de dedicar mi corazón y mi alma a buscar al Señor mi Dios (v. 19). Oré este pasaje por una hora a las 7:30 a.m. Casi doce horas después, cuando estaba haciendo algo completamente diferente, nuevas ideas vinieron a mi mente. *Lectio divina* continuó su trabajo en mí.

Pienso más sobre el hecho de que 1 Crónicas 22.17–19 es un mensaje de un líder viejo (David) a los líderes actuales (de Israel) acerca de un líder joven (Salomón). Esto es importante. Algunas de mis reflexiones anteriores habían relacionado el pasaje con la historia del hijo pródigo (Lc 15.11–32). Las tres parábolas en Lucas 15 son narradas por un líder (Jesús), a otros líderes (los fariseos y maestros de la ley). Empiezo a darme cuenta de que, para que este sermón sea fiel al texto, tendrá que ser un mensaje para líderes.

De repente me doy cuenta de que las palabras de 1 Crónicas 22 pueden ser capturadas en tres palabras. Estas tres palabras son los grandes tesoros de Israel y el pueblo de Dios: tierra, ley y templo:

1. **Tierra** (v. 18): David habla de Dios que otorga paz y entrega la tierra a Israel.

2. **Ley** (v. 19a): David pide a los líderes que se dediquen a buscar a Dios. Esto significa amar a Dios con todo tu ser. Jesús dijo que el más grande mandamiento es amar a Dios con todo tu corazón, alma y fuerza.

3. **Templo** (v. 19b-c): David habla de construir un templo y de traer el arca del pacto y los artículos sagrados a este.

La forma del sermón está cambiando poco a poco. El dedicarse a buscar a Dios está todavía en la esencia del sermón que predicaré. Pero para que el sermón sea fiel al texto, tendrá que ser para líderes y tendrá que respetar los tres grandes pilares de la fe hebrea. También me doy cuenta de que el título «El Señor Dios» aparece en cada una de las tres partes del pasaje. Así que este es un mensaje para líderes que subraya la presencia de Dios en los tres regalos de Dios: tierra, ley y templo.

Ahora mi bosquejo se ve así:

Líderes de por vida
1 Crónicas 22.17-19

1. Una tierra donde vivir: Dios está presente (vv. 17-18)

En esta parte del sermón, explicaré brevemente el viaje de Israel de la esclavitud en Egipto a su nuevo hogar en la tierra prometida. Esta parte de 1 Crónicas 22 resume la bondad de Dios al darle paz a la nación durante el reinado del rey David. El pasaje señala que todo esto es hecho por el Señor Dios y para él. Esta parte del sermón desafiará a los líderes a reflexionar acerca de cómo ven la bondad de Dios en los lugares donde viven y en las personas que dirigen. ¿Recuerdan de dónde han venido? ¿Recuerdan las maneras en que Dios los ha guiado a ellos y a su pueblo? ¿Han cometido el error de olvidar que todo le pertenece a Dios? ¿Están ciegos y sordos a las muchas cosas que muestran que Dios está presente? Es fácil olvidar todo esto en tiempos de paz y bendición. A menudo Israel cometió este error mientras vivía en la tierra. ¿De qué maneras los líderes de la iglesia de Jesucristo cometen este error hoy en día? Estos son los temas que trabajaré en esta parte del sermón.

También utilizaré la parábola del hijo pródigo como ilustración. El hijo pródigo vivía en la tierra de su padre, pero se volvió sordo y ciego a la bondad y el amor del mismo. Dejó la casa de su padre de la manera más ofensiva. El hijo pródigo vivía en la tierra, pero no respetaba la presencia de su padre.

Este primer punto del sermón esta energizado por el desafío que he sentido de dedicar mi corazón y mi mente a buscar al Señor mi Dios. Puedo ver en las palabras de David al inicio del pasaje, que puede ser fácil olvidar que todo lo que tengo es de Dios y que todo es para él. Si no tengo cuidado, es fácil olvidar que Dios está presente en donde vivo y trabajo. Estos errores pueden ocurrir si no nos dedicamos a buscar a Dios.

2. Una ley por seguir: Dios está esperando (v. 19)

Ahora llego a la parte del pasaje que más me impactó durante *lectio divina*. Aquí explicaré la naturaleza de la ley de Moisés y cómo Jesús la resumió: ama a Dios y a tu prójimo. Tal vez necesite hablar acerca de que, como cristianos, vemos la ley del Antiguo Testamento como algo malo pero que, en esencia, era para ayudar al pueblo de Dios a conocer y amar a Dios. Las palabras al inicio del versículo 19 son una manera de resumir la ley y la esperanza de Dios para toda la humanidad: conocer y amar a Dios.

Estas palabras son desafiantes. Son confrontadoras. ¿Podemos decir «sí Señor» en respuesta a ellas? Aquí puedo mencionar la siguiente escena de la historia del hijo pródigo. Cuando está alimentando a los cerdos, su corazón y alma añoran su hogar y decide buscar a su padre. Es una ilustración útil para esta parte de 1 Crónicas 22. El padre del pródigo espera el regreso de su hijo. En el segundo punto de mi sermón intentaré demostrar que esta es una ley para la vida: Dios está esperando. Dedica tu corazón y alma a buscar al Señor tu Dios. Seguramente este es el verdadero corazón del liderazgo; es a lo que los líderes se deberían dedicar. ¿Qué podría ser más importante para un líder del pueblo de Dios que buscar al Señor nuestro Dios?

3. Un motivo para vivir: Dios es adorado (v. 19b-c)

El tercer punto del sermón explicará la naturaleza del templo que Salomón construyó para el Señor Dios. Tendré que hablar sobre el significado del santuario, el arca del pacto y los artículos sagrados. Señalaré que, al igual que la tierra (punto 1) y nuestras vidas (punto 2), todo lo mencionado en el versículo 19b-c pertenece al Señor Dios. Este es un punto muy importante en nuestra comprensión de Dios y de toda la vida. Todo esto conduce a la «construcción» de vidas que están dirigidas a la adoración de Dios. Incluso nuestra misión a aquellos que no conocen a Dios es para que las personas vivan vidas de la mejor manera posible, adorando al Señor Dios. Un buen liderazgo ayuda a las personas a darle todo a Dios en alabanza, entendiendo que todo le pertenece a él de todos modos.

De nuevo, la historia del hijo pródigo me ayuda en este punto. Tendré que tener cuidado de que este sermón no parezca un sermón de Lucas 15. Así que me asegurare de que mis comentarios sean breves para que la historia del hijo pródigo solo sirva como ilustración. Al final de esa historia el hijo pródigo es recibido con una gran celebración. Sin embargo, el hermano mayor está molesto por la manera en la que su padre ha tratado a su hermano menor. Entonces el padre hace un comentario asombroso que hace eco con el hecho de que todo le pertenece a Dios: «Hijo mío, tú siempre estás conmigo, y todo lo que tengo es tuyo» (Lc 15.31). Aunque todo le pertenece a Dios, en su bondad y gracia, él misteriosamente nos lo da todo. Al buscar a Dios, descubrimos que él nos está esperando y descubrimos algo de la profundidad de su generosidad y bondad.

Todavía tengo mucho trabajo que hacer para terminar el sermón. Sin embargo, sé que cuando predique este sermón estaré «narrando una historia» de una nueva manera. Mi vida ha sido energizada mediante *lectio divina* y el Espíritu ha desafiado mi devoción por la búsqueda de Dios. Esto se verá en mi sermón, aunque no describa para mis oyentes lo que pasó durante mi tiempo de oración.

«Señor Jesús ayúdanos a verte en medio de todo lo que está ocurriendo. Ayúdanos a ver lo que has hecho y lo que estás haciendo. Ayúdanos a dedicarnos a buscarte con todo nuestro corazón y alma, para que nuestras almas sin descanso encuentren descanso en ti».

Preguntas para la vida

Mientras leías este capítulo, ¿qué pensaste acerca del pasaje bíblico? ¿Qué parte de esta historia te está invitando Dios a escuchar?

Capítulo 6

Escuchar utilizando la contemplación ignaciana

Preparación de un sermón: Juan 1.43-51

1. Una oración para comenzar (Oración de preparación)

Comienzo mi tiempo de oración. ¿Cuál es mi primer pensamiento? Recuerdo un correo electrónico que debería haber enviado, pero no lo hice. Comienzo a orar y mi primer pensamiento no tiene nada que ver con la oración. Sin embargo, estoy consciente de que pueden haber distracciones durante la oración. Eso no me preocupa. Escribo una nota para acordarme de enviar el correo electrónico más tarde y vuelvo a mi oración.

Estoy quieto y en silencio. No digo nada al inicio. Simplemente me siento con el Señor y mi corazón y mente comienzan a pensar en él.

En la quietud estoy expectante por lo que voy a hacer: orar a partir de un evento de los Evangelios. Estoy emocionado y ya quiero comenzar. Al permanecer callado me doy cuenta del amor de Dios. Me doy cuenta de que el amor de Dios siempre está presente, pero en mi ajetreo no puedo estar lo suficientemente tranquilo o atento para realmente notarlo. Sin embargo, en este momento siento el amor de Dios. De hecho, por alguna razón, estoy particularmente consciente de la bondad de Dios. Tengo la sensación de que Dios me ha mostrado su bondad recientemente. Este pensamiento y agradecimiento salen a la superficie durante esta oración.

Mientras oro y me preparo para estudiar las Escrituras estoy también consciente de que a veces mi propia imaginación y pensamientos no son de fiar. Parte de lo que oro en este tiempo es que reconozco que aunque no confío en mí mismo puedo encomendarme a la gracia de Dios.

Mientras termino esta primera parte de la contemplación ignaciana, siento que hay un sentido de descanso y quietud en mí. Ahora comienzo la segunda parte de mi oración, la lectura de las Escrituras.

2. Una historia que leer (Primer preludio: trama)

La historia que elijo leer y predicar es de Juan 1.43-51. Es la historia del encuentro de Natanael con Jesús.

> Al día siguiente, Jesús decidió salir hacia Galilea. Se encontró con Felipe, y lo llamó:
> —Sígueme.
> Felipe era del pueblo de Betsaida, lo mismo que Andrés y Pedro. Felipe buscó a Natanael y le dijo:
> —Hemos encontrado a Jesús de Nazaret, el hijo de José, aquel de quien escribió Moisés en la ley, y de quien escribieron los profetas.
> —¡De Nazaret! —replicó Natanael—. ¿Acaso de allí puede salir algo bueno?
> —Ven a ver —le contestó Felipe. Cuando Jesús vio que Natanael se le acercaba, comentó:
> —Aquí tienen a un verdadero israelita, en quien no hay falsedad.
> —¿De dónde me conoces? —le preguntó Natanael.
> —Antes de que Felipe te llamara, cuando aún estabas bajo la higuera, ya te había visto.
> —Rabí, ¡tú eres el Hijo de Dios! ¡Tú eres el Rey de Israel! —declaró Natanael.
> —¿Lo crees porque te dije que te vi cuando estabas debajo de la higuera? ¡Vas a ver aun cosas más grandes que estas!
> Y añadió:

—Ciertamente les aseguro que ustedes verán abrirse el cielo, y a los ángeles de Dios subir y bajar sobre el Hijo del hombre.

Leo el pasaje lentamente y en voz alta, cuatro veces. Mi propósito central es leer y escuchar la historia. Aunque después voy a pensar y reflexionar sobre la historia en mi tiempo de oración, noto que mi mente comienza a conectar partes de la historia que leo. No trato de detener estos pensamientos, pero tampoco intento estudiar la historia a fondo todavía. Por ejemplo, me sorprenden las diferentes declaraciones que Jesús y Natanael hacen el uno del otro (vv. 47 y 49). En especial me sorprenden todos los títulos que Natanael le da a Jesús («Rabí», «Hijo de Dios» y «Rey de Israel»). Sin embargo, en este instante de la oración mi tarea principal es leer la historia. Quiero conocer la historia para después poderla imaginar.

Después de la cuarta lectura siento que estoy listo para pasar a la siguiente parte de mi oración. A veces leo el pasaje bíblico más veces, a veces menos. No hay una regla al respecto. Sabrás cuando te sepas la historia lo suficientemente bien como para pasar a la siguiente parte.

3. Un lugar para imaginar (Segundo preludio: composición del lugar)

Cierro mis ojos y empiezo a imaginar la escena en Juan 1.43–51. El pasaje da muy pocos detalles sobre el paisaje. En realidad, solamente da un detalle sobre el lugar donde ocurrió este evento: una higuera. Y yo ni siquiera estoy seguro de cómo es una higuera. Sin embargo, comienzo a imaginarme la escena. Cómo imagino la escena no es tan importante como lo que sucede en ella. Lo importante es recordar fielmente los eventos y las conversaciones descritas en Juan 1.43–51; los demás detalles simplemente pintan el cuadro. A menos que haya algo de la escena que se describa de manera particular, mi imaginación puede recrear la escena lo mejor que pueda.

Con los ojos de mi mente, veo que es un día soleado en un lugar donde hay colinas bajas, cubiertas de hierba. Un camino polvoriento serpentea entre las colinas. A lo lejos se ve un árbol con su tronco retorcido por la edad. Sus ramas se extienden y arrojan una sombra en el suelo alrededor del árbol. Hay alguien sentado en la sombra, apoyado en el tronco del árbol. Sin embargo, él está demasiado lejos como para distinguir sus rasgos físicos. Jesús y Felipe están parados cerca de donde yo estoy y puedo verlos claramente. Hay algunas otras personas alrededor también.

Esta es la escena que imagino al leer el relato en el Evangelio de Juan. La escena parece real, pero obviamente no es exactamente como era. Nadie hoy en día podría saber a ciencia cierta los detalles de esta escena; lo principal es simplemente hacer que la escena se vea realista.

En esta etapa de mi oración, la acción en la historia que describe Juan 1 no ha comenzado. Esto es importante. La escena está preparada, pero la acción aún no ha comenzado. Eso sucederá pronto. La siguiente parte de la oración es muy importante. No quiero apresurar esta próxima parte.

4. Una gracia que desear (Tercer preludio: pidiendo la gracia deseada)

Ahora en oración considero cuál es la gracia que quiero experimentar mientras continúo, en oración, pensando en la historia del encuentro de Natanael con Jesús. El deseo por una experiencia en particular ha comenzado a ser más claro en el transcurso de los pasos anteriores. Al tranquilizarme, leer el pasaje bíblico varias veces e imaginarme la escena, me doy cuenta de que deseo gracia para saber que Jesús me ve, y que deseo poder acércame más a él para conocerlo y seguirlo.

Como Natanael.

Entonces hago esta oración:

> Dios dame la gracia para realmente saber en mi corazón que tú me ves. Acércame más a ti para que yo pueda seguirte.

5. Un evento que experimentar (Contemplación de los Evangelios)

Ahora vuelvo a cerrar los ojos. Esto me ayuda a concentrarme para orar la escena de Juan 1.43–51 en mi imaginación. Puede ser que te concentres de una forma diferente. Está bien. Lo importante es estar cómodo y concentrarte para que puedas enfocar en la historia bíblica que estás imaginando.

He elegido no imaginarme a mí mismo como uno de los personajes de la historia. En vez de eso, me imagino que estoy en la escena pero parado a un lado, observando lo que sucede y escuchando lo que se dice.

«Veo» cómo Jesús se acerca a Felipe, que está con otras personas. Jesús le dice a Felipe: «Sígueme» (v. 43). Felipe mira a su alrededor. Parece sorprendido por las palabras de Jesús. Sin embargo, deja atrás al pequeño grupo con el que está y comienza a caminar con Jesús en el camino polvoriento que serpentea entre las colinas cubiertas de hierba. Y allí en la distancia está la higuera retorcida con alguien sentado en su sombra. La persona está relajada y recostada contra el tronco de color claro, envejecido.

Felipe comienza a caminar hacia la higuera y Jesús lo espera en el camino. Sigo a Felipe mientras él se dirige a la persona cuyo nombre es Natanael. Felipe le dice a Natanael: «Hemos encontrado (…) a aquel de quien escribió Moisés en la ley, y de quien escribieron los profetas» (v. 45).

Con estas palabras puedo ver la cara de Natanael alumbrarse con expectativa y gran interés. Se acerca para escuchar con detalle todo lo que su amigo le está diciendo.

Felipe continúa: «Hemos encontrado a Jesús de Nazaret, el hijo de José» (v. 45).

Natanael se vuelve a apoyar en el árbol. Está sonriendo. La mirada de asombro en su rostro ha cambiado a una sonrisa burlona. Él realmente cree que esto es un chiste. «¡De Nazaret! ¿Acaso de allí puede salir algo bueno?»

Felipe le responde: «Ven a ver».

Natanael se ve escéptico y poco convencido. Lentamente se pone de pie. Obviamente hubiese preferido quedarse bajo la sombra del árbol que conocer a este nazareno.

Él y Felipe caminan lentamente por la hierba hacia el camino polvoriento donde Jesús está esperando. Cuando Natanael se acerca, Jesús sonríe y le dice: «Aquí tienen a un verdadero israelita, en quien no hay falsedad» (v. 47).

Por alguna razón, cuando Jesús dice esto, mi mente se va a otro momento en el Evangelio de Juan. Escucho a Juan el Bautista exclamar cuando ve a Jesús: «¡Aquí tienen al Cordero de Dios, que quita el pecado del mundo!» (v. 29). Este momento no es parte de la historia de Natanael, pero por alguna razón lo recuerdo el momento en que Jesús le habla a Natanael. Aunque todavía estoy en la escena de la historia de Natanael, escucho ecos de otras declaraciones dispersas a través de las historias de Juan 1.

Mi atención vuelve a lo que está sucediendo entre Jesús y Natanael. Me doy cuenta de que las palabras de Jesús han tenido un profundo efecto en Natanael. Por alguna razón, siento algo muy profundo al escuchar las palabras que Jesús le dice a este israelita.

«Aquí tienen a un verdadero israelita, en quien no hay falsedad».

Hay quietud en este momento. La actitud incrédula y casual de Natanael cambia de repente. La mirada relajada y juguetona en su rostro se vuelve serio y solemne. En este momento en la oración siento algo muy profundo. Me siento atraído a este drama. No entiendo completamente por qué Jesús dijo lo que dijo, pero siento algo profundo. De alguna manera Jesús ha tocado el corazón de Natanael. De algún modo Jesús ha pronunciado palabras que dan vida y la transforman. De alguna manera están pasando muchas cosas que no se ven. Obviamente el texto no da detalles sobre lo que está sucediendo en el corazón de Natanael, pero tengo la impresión de que está ocurriendo una conversación que no se escucha. Las profundas esperanzas y sueños de Natanael se están cumpliendo en Jesús. Algo está sucediendo que es significativo, personal y de alguna manera vinculado al llamado de Israel como el pueblo de Dios.

Y de algún modo, en mi tiempo de oración, esta parte de la historia me impacta.

«¿De dónde me conoces?» (v. 48) responde Natanael.

«Antes de que Felipe te llamara, cuando aún estabas bajo la higuera, ya te había visto» le responde Jesús. (v. 48).

Entonces Natanael declara, «Rabí, ¡tú eres el Hijo de Dios! ¡Tú eres el Rey de Israel!» (v. 49). Me sorprende la riqueza de las palabras de Natanael. Sus esperanzas son puestas en palabras y sus esperanzas están en Cristo.

Jesús le responde: «¿Lo crees porque te dije que te vi cuando estabas debajo de la higuera? ¡Vas a ver aun cosas más grandes que estas! Y añade: «Ciertamente les aseguro que ustedes verán abrirse el cielo, y a los ángeles de Dios subir y bajar sobre el Hijo del hombre» (vv. 50-51).

Esta parte de la oración llega a su fin.

Aunque imaginé la escena en oración y seguí los eventos y conversaciones fielmente, no puedo decir que tengo una revelación maravillosa. Está bien. Lo más importante es que estuve inmerso en las Escrituras. Confío en que el Espíritu continuará guiándome mientras comienzo la última parte de mi oración.

6. Una conversación que tener (coloquio)

Ahora comienzo a hablar con Jesús «de un amigo a otro» sobre lo que acabo de experimentar. Tengo mucho de qué hablar.

Hablo con Jesús sobre cómo, en esta historia de Juan 1.43–51, las conversaciones ordinarias conducen a declaraciones sorprendentes. Por ejemplo, «Sígueme» (v. 43) lleva a «Hemos encontrado a Jesús de Nazaret, el hijo de José, aquel de quien escribió Moisés en la ley, y de quien escribieron los profetas» (v. 45). También comparto con Jesús cómo una oración comienza con los grandes nombres de «Moisés» y «los profetas» y termina con un nombre nuevo e inesperado: «Jesús de Nazaret, hijo de José».

Comparto con Jesús sobre otra conversación ordinaria de la historia que conduce a una declaración increíble. Hablo de cómo Natanael dice: «¡De Nazaret! ¿Acaso de allí puede salir algo bueno?». Lo que conduce a la respuesta «Ven a ver» (v. 46), lo que lleva a Natanael a declarar que Jesús es el «Hijo de Dios y el Rey de Israel» (v. 49).

También comparto cómo las conversaciones en esta historia parecen tener brechas. Es como si una persona estuviera tratando de mostrarle a la otra persona una nueva vida y una nueva visión.

- Felipe reaccionada frente a la broma de Natanael respecto a Nazaret (v. 46) con una invitación a venir y ver (v. 46).
- La broma de Natanael respecto a Jesús de Nazaret (v. 46), Jesús la responde con la declaración de que Natanael es un verdadero israelita en quien no hay falsedad (v. 47).
- La pregunta de Natanael respecto a cómo Jesús lo conoce (v. 48), Jesús la responde explicándole que vio a Natanael antes de que Felipe incluso hablase de él (v. 48).
- La declaración maravillosa respecto a la fe de Natanael (v. 49), Jesús la recibe con una promesa para todos los presentes: «Ciertamente les aseguro que ustedes verán abrirse el cielo, y a los ángeles de Dios subir y bajar sobre el Hijo del hombre» (vv. 50-51).

Hablo con Jesús sobre todas estas conversaciones. Parecen dispersas, pero mientras hablo con Jesús al respecto empiezo a entender que las conversaciones están enfocadas y centradas en él. Comienzo a darme cuenta de que cuanto más continúan las conversaciones, más se acercan las personas a Jesús. También me percato de que los personajes tenían esperanza en sus corazones, pero quizás esa esperanza estaba a punto de desaparecer antes de que conociesen a Jesús.

En esta parte de la oración, también hablo con Jesús acerca de la manera en la que estuve cautivado por los fuerte ecos con el Antiguo Testamento:

- Moisés y los profetas (v. 45).
- El título «israelita» (v. 47).
- El significado de la higuera como un símbolo y un emblema de Israel (vv. 48 y 50).
- El título «Rey de Israel» (v. 49).

- El sentarse bajo un árbol (y en realidad bajo una vid) es a menudo una señal de la bendición de paz y descanso de parte de Dios (vv. 48 y 50).
- «Los ángeles de Dios subir y bajar» es una referencia al sueño que tiene Jacob de la escalera al cielo en Betel (Gn 28).

El efecto de todo esto es el descubrimiento de que conversaciones y eventos ordinarios pueden llevar a conversaciones y eventos extraordinarios. Hablo con Jesús acerca de cómo estoy, tal vez como Natanael, sentado debajo de una higuera pensando que todo es ordinario y normal. Me siento allí pensando que estoy viviendo mi vida. Sin embargo, estoy rodeado de símbolos, conversaciones y eventos que señalan hacia la historia de Dios. Pienso en el hecho de que estoy viviendo en la historia de Dios y que a veces cometo el error de pensar que estoy viviendo mi historia.

Mientras más hablo con Jesús, más pienso en esto. En vez de ser Natanael sentado bajo la higuera, me veo a mí mismo sentado bajo aquel árbol. Me siento ahí, con esperanzas acerca de Dios, pero mi conversación no siempre refleja esa esperanza. Tal vez sea hora de ponerme de pie y encontrarme con Jesús de una nueva manera. Tal vez en mis conversaciones con otros hay más de Jesús de lo que me doy cuenta. Me siento desafiado al pensar que Jesús me ve y que puedo acercarme más a él a partir de eventos y conversaciones. Me desafía el pensamiento de que yo amo porque él me ha visto y me ha amado primero (1Jn 4.19). Me desafía darme cuenta de que Jesús me llama y nos llama a ver y a experimentar cosas maravillosas en él. Me encanta cómo la historia juega con la palabra «ver». Felipe invita a Natanael a «venir a ver» (v. 46), entonces Jesús ve a Natanael (v. 48) e invita a Natanael y los otros presentes a ver cosas aún más grandes (v. 51).

Y así termina mi oración a partir de Juan 1.43-51. Sin embargo, lo maravilloso es que, aunque haya terminado mi tiempo de oración, la oración no ha terminado conmigo. Descubro que las imágenes, pensamientos y desafíos continúan en mí y continúan hablándome. Entonces mi oración realmente no ha terminado.

Viviendo una historia, escuchando una historia, narrando una historia

Ahora comienzo a estudiar y escribir el sermón. Pero mi estudio para el sermón esta coloreado por mi oración. Es tan fácil como esto: al comienzo de mi tiempo de oración, estaba caminando en el camino a Emaús (viviendo una historia). En este día en particular, tenía trabajos que hacer y personas que ver. Incluso cuando comencé a orar recordé que no había enviado un correo electrónico. Todo esto era yo «viviendo una historia» cuando comencé a caminar en el camino a Emaús. Entonces al orar Juan 1.43–51 por medio de la contemplación ignaciana, Jesús comenzó a hablar conmigo. Como cuando Jesús compartió las Escrituras con los dos discípulos en el camino a Emaús para que pudieran entender mejor a Jesús y el plan de Dios, así ocurre cuando tú y yo oramos las Escrituras utilizando esta antigua práctica. Este es el momento en que el predicador «escucha una historia». Y después de orar el pasaje usando la contemplación ignaciana, mi corazón arde y es hora de preparar mi sermón. Estoy «narrando una historia». Los dos en el camino hacia Emaús regresaron a Jerusalén para narrarle a los demás: «Hemos visto al Señor» y el sermón que nace de la oración y la preparación tendrá el mismo mensaje. Tú también estarás delante de tu gente y dirás «¡He visto al Señor!».

Bosquejo del Sermón

Ahora, cuando me dispongo a estudiar el texto, comienzo con mi experiencia y observaciones de mi tiempo de oración. Recuerdo especialmente esta oración:

> Dios dame la gracia para realmente saber en mi corazón que tú me ves. Acércame más a ti para que yo pueda seguirte.

Por medio de mi tiempo de oración he experimentado algo de esta gracia, al sentir que Cristo me ve, pero, más importante aún, al sentir cómo él abre nuestros ojos y corazones para verlo y percibirlo.

Comienzo a resumir mis observaciones y mi experiencia de oración en un bosquejo inicial. En especial aprovecho el juego de palabras con la palabra «ver» que aparece en la historia. Necesito seguir trabajando en el esquema ya que no está muy prolijo. Sin embargo, comienza a reflejar algunas de las experiencias y los puntos de vista que tuve durante mi tiempo de oración. Evaluaré este esquema y haré cambios a medida que continúe estudiando el texto. Por ahora esto es lo que tengo:[1]

Ante nuestros propios ojos
Juan 1.43-51

¿Vemos a Cristo en las Escrituras? (vv. 43-45)

Esta parte del sermón explorará la declaración y experiencia de Felipe sobre como Jesús cumple las Escrituras hebreas.

¿Vemos a Cristo en nuestra vida? (v. 46)

Esta parte del sermón se enfocará en cómo podemos perder de vista aspectos de la vida como si no estuvieran conectados con Dios; por ejemplo, como Natanael descartó a Nazaret.

¿Qué ve Jesús en nosotros? (vv. 47-48)

Esta parte del sermón se concentrará en cómo Jesús ve el corazón de quien somos, como lo hizo con Natanael.

1. Cuando predico de una historia de la Biblia prefiero que el bosquejo del sermón este formado a partir de la historia, para honrar el sentir y el significado de la historia. A veces cuando predicamos una historia bíblica a partir de puntos (como mi bosquejo en este capítulo) podemos desviarnos del sentido de la historia. Sin embargo, como este libro esta escrito para predicadores que están comenzando su ministerio, quería mostrar que es importante darle una estructura al sermón. Por esta razón incluí este bosquejo que se divide en cuatro puntos.

¿Qué promete Jesús que veremos en él? (vv. 49-51)

Esta parte del sermón resumirá la historia y mostrará cómo, a partir de las Escrituras, cada uno de nosotros está invitado a ver y a ser parte del plan de Dios en Cristo. Como Jesús lo promete en el versículo 51.

Preguntas para la vida

Mientras leíste este capítulo, ¿qué te impactó de la historia de Natanael? Escucha su historia con cuidado.

Capítulo 7

El camino a Emaús: ¿A dónde nos lleva?

Vivir, escuchar y narrar.

Hemos visto cómo esta secuencia forma nuestras vidas. Hemos visto que, de estos tres, escuchar es el más importante para los predicadores. La historia que escuchamos influenciará de gran manera cómo vivimos y qué decimos. Por eso es tan importante escuchar las Escrituras.

El enfoque de este libro es en cómo escuchar a Dios mientras estudias las Escrituras a la hora de preparar un sermón. Cuando escuchas lo que Dios quiere que digas en tu sermón, todo cambia. La manera en la que predicas cambia. Lo que dirás cuando prediques cambia. Las personas que escuchan tu sermón cambian. Si te encuentras con Dios y lo escuchas durante tu preparación, cuando te pares al frente de tu congregación podrás decir, «¡He visto al Señor!». Al terminar tu sermón, la congregación responderá: «¡Nosotros también!». Si sabes lo que Dios te está diciendo como predicador, cuando prediques no solo compartirás un sermón, tú serás un sermón viviente.

Hemos utilizado la historia del camino a Emaús (Lc 24.13-35) como una forma de ilustrar la manera en que los predicadores viven la historia, la escuchan y la cuentan. También hemos aprendido dos maneras de orar las Escrituras para poder escuchar más atentamente la historia de Dios: *lectio divina* y la contemplación ignaciana. He dado dos ejemplos de orar la Palabra utilizando cada uno de estos tipos de oración y he demostrado cómo esto puede guiar la creación de un bosquejo. En este último capítulo, quiero que caminemos el camino a Emaús una vez más.

Los dos discípulos en la historia cambiaron porque Jesús caminó con ellos, les explicó las Escrituras y partió el pan con ellos. La historia del camino a Emaús es la historia de dos personas que nacieron de nuevo. Lo que más me encanta de esta historia es que ocurre de una manera ordinaria (dos personas caminando en un camino) pero también de una manera extraordinaria (el Cristo victorioso camina y habla con ellos). Me encanta que la historia del camino a Emaús involucra cosas que no son tan difíciles de imaginar o relacionar hoy en día. En el camino a Emaús estamos rodeados de maravillosas imágenes bíblicas. La historia involucra una ciudad (Jerusalén), un pueblo (Emaús), un camino, gente (aquellos en el camino, los que se encontraron con una tumba vacía, y los once), personajes bíblicos (ángeles, Moisés y los profetas), el plan de Dios («¿Acaso no tenía que sufrir el Cristo estas cosas antes de entrar en su gloria?»), una mesa y pan (Jesús sentándose con los dos discípulos agradeciendo por el pan), sentimientos y revelación (los dos se veían tristes y sus corazones ardían de entusiasmo). Encuentros con Jesús, nombres de lugares, nombres de personas, espiritualidad, planes divinos, emoción, revelación y anticipación. Quédate allí en ese camino y tómalo todo. Quédate en ese camino mientras vives la historia y quieras narrarla. Quédate ahí en ese camino y escucha. Porque en lo más hondo tiene que ver con discípulos de Jesús que escuchan, una disciplina importante que deben aprender los predicadores. Pero si estamos en el camino de Emaús escuchando la historia de Jesús, ¿Hacia dónde conduce este camino?

La razón por la que enumeré todas estas cosas que aparecen en la historia del camino a Emaús es porque esos son los tipos de lugares, personas y espacios que aparecen en el camino. Así como Jesús llevó a los dos discípulos en un viaje a través de las Escrituras, esta historia te invita a emprender un viaje similar. Jesús comenzó con Moisés y los profetas y les explicó lo que se había dicho en todas las Escrituras acerca de él mismo. El camino a Emaús conduce a tales lugares y allí, si escuchas atentamente, escucharás la historia de nuevas maneras. La Biblia está llena de ciudades, pueblos, caminos, personas, profetas, hogares, comida y encuentros con el Dios viviente. Estos son los lugares y espacios que te ayudarán a escuchar la historia de Dios para que estés mejor preparado para vivir la historia y narrarla. Déjame mostrarte algunos de los lugares y espacios para escuchar y hacia los cuales el camino a Emaús te conducirá, lugares que te ayudarán a desarrollarte como predicador de las Escrituras.

Nos lleva al Siervo sufriente (Isaías 42.1–9; 49.1–7; 50.4–11; 52.13–53.12)

En el camino a Emaús Jesús tuvo que explicar que el Mesías tenía que sufrir. En el libro de Isaías hay cuatro pasajes que se conocen como los «Cantos del Siervo». Describen a una persona que sirve a Dios fielmente, pero que sufre mucho. Vemos el cumplimiento supremo de estas canciones en la persona y la obra de Cristo. Estas cuatro canciones describen el servicio, sufrimiento y sacrifico del siervo de Dios. Dentro de estas cuatro canciones hay una descripción maravillosa de la relación entre siervo y Dios. Es un rico almacén para la reflexión, la inspiración, el desafío y el conocimiento. Allí encontrarás estímulo del Espíritu para relacionarte con las personas, el espíritu por el cual servir a Dios y sus propósitos, el espíritu para abrazar las dificultades, y el espíritu para escuchar a Dios.

El camino a Emaús te lleva a esa persona para que puedas escucharla.

Nos lleva a una muralla por construir (Nehemías 8)

La ciudad de Jerusalén aparece en la historia del camino a Emaús. En todas las Escrituras, Jerusalén es la ciudad capital de gran parte de la actividad de Dios y del plan de Dios para el mundo. Por supuesto, el evento más importante que sucede en Jerusalén es la crucifixión y resurrección de Jesús. Sin embargo, Jerusalén también nos recuerda cómo personas rebeldes pueden volverse a Dios y a sus planes. La gente de Israel había estado en el exilio porque se habían rebelado contra Dios. Finalmente, Dios les permitió regresar a Jerusalén, pero cuando regresaron a casa no había muralla, ni ciudad, ni templo ni ley. En el libro de Nehemías, mientras la gente reconstruía la muralla alrededor de Jerusalén, los levitas (liderados por Esdras) comenzaron a leer las Escrituras y a explicarlas para que la gente las pudiera entender. La vida de una nación comenzó a ser reconstruida de manera tan real como la reconstrucción de la muralla misma.

> Ellos leían con claridad el libro de la ley de Dios y lo interpretaban de modo que se comprendiera su lectura. (Neh 8.8)

Las personas escucharon y comenzaron a vivir una nueva historia y a narrar una nueva historia.

El camino a Emaús nos guía a lugares como este para que escuchemos.

Nos lleva a una ciudad para que la habitemos (El libro de Jeremías)

Otro ejemplo del problema de las personas que se rebelan contra Dios se encuentra en el libro de Jeremías. A Jeremías se le conoce como el profeta que lloraba. El libro de Jeremías es la historia de un profeta y predicador que tuvo un mensaje poco popular. Tanto así, que Jeremías no quería predicarlo. Dentro del libro de Jeremías encontrarás su profunda resistencia y enojo contra Dios por haberle asignado la tarea de predicar esa palabra. Leerás cómo Jeremías habló en contra de falsos profetas y del espíritu de su época. Jeremías predicó fielmente mientras el juicio de Dios se acercaba. Jeremías predicó en una ciudad condenada y compartió un mensaje de esperanza y promesa con coraje y convicción.

El camino a Emaús nos guía a lugares como este para que escuchemos.

Nos lleva a un campo para que lo sembremos (Marcos 4.1-20)

Mientras Jesús caminaba por el camino a Emaús y pronunciaba su mensaje, iba sembrando semillas en los corazones de sus dos compañeros de viaje. La cosecha de la semilla que Jesús sembró ese día fue maravillosa. El camino conduce a un campo para sembrar. Una de las pocas parábolas que Jesús explicó es la parábola del sembrador. En esta parábola, los tres tipos de suelo describen las respuestas comunes al mensaje de Jesús. La semilla (la Palabra de Dios) se siembra en las vidas de las personas y la presencia del mal, la persecución, las dificultades y las preocupaciones del mundo se interponen en el camino. A los predicadores les vendrá bien tener en cuenta estos suelos cuando predican, recordando que a esas realidades predicarán y que tales suelos también pueden describir sus propios corazones. Sin embargo, hay un suelo del cual puede surgir una cosecha enorme y sorprendente.

El camino a Emaús nos guía a lugares como este para que escuchemos.

Nos lleva a un libro para que lo leamos (Lucas 4.18-19)

Jesús llevó a los dos discípulos del camino a Emaús a un viaje profundo por las Escrituras. En Lucas 4 leemos que Jesús fue a la sinagoga como era su costumbre y encontró un pasaje de Isaías que quería leerle a la gente. En ese día Jesús llevó a sus oyentes a un viaje por las Escrituras. Leyó este majestuoso pasaje:

En Lucas 4 leemos que Jesús fue a la sinagoga como era su costumbre y encontró un pasaje de Isaías que quería leerle a la gente. En ese día Jesús llevó a sus oyentes a un viaje por las Escrituras.

> El Espíritu del Señor está sobre mí,
> por cuanto me ha ungido
> para anunciar buenas nuevas a los pobres.
> Me ha enviado a proclamar libertad a los cautivos
> y dar vista a los ciegos,
> a poner en libertad a los oprimidos,
> a pregonar el año del favor del Señor.

Luego, anunció que esta Escritura se había cumplido en ese preciso momento. ¿Tus predicas anuncian estas buenas nuevas?

El camino a Emaús nos guía a libros como este para que escuchemos.

Nos lleva a un mundo en el que debemos vivir (Hechos de los Apóstoles)

El camino a Emaús va de una ciudad, a un pueblo, a una casa, y de vuelta a una ciudad y a otra casa. El camino condujo a muchos lugares diferentes donde las mismas buenas noticias fueron escuchadas y experimentadas. Cuando lees el libro de los Hechos de los Apóstoles verás todo tipo de situaciones y estilos de predicación. Es un libro emocionante que se debe leer en oración mientras uno considera los eventos maravillosos que contribuyeron a la proclamación del evangelio. En el centro de todo está el mensaje de la resurrección de Cristo y el reino de Dios. La predicación tuvo lugar en sinagogas, mercados, casas, prisiones, a orillas de un río, en reuniones filosóficas, tribunales de justicia, tribunales reales, y el estilo de predicación abarcó desde encuestas bíblicas, testimonios personales, poderosos razonamientos, llamamientos sinceros, interpretaciones bíblicas, hasta reseñas de poesía y audiencias en las cortes

El camino a Emaús conduce a un mundo que escucha.

Nos lleva a una Iglesia para que la dirijamos (1 Corintios 1.18–2.5)

En el camino a Emaús transitaron personas diferentes que pensaron y sintieron diferentes cosas. Al comienzo de la historia hubo tristeza, luego sorpresa, luego un reproche, y luego maravilla y gozo. Entre el pueblo de Dios en cualquier momento y ocasión habrá todo tipo de emociones, pensamientos y realidades. Vemos esto en la primera carta de Pablo a los Corintios. En los primeros versículos de 1 Corintios, Pablo se enfoca en el mensaje de la cruz y del Cristo crucificado. La iglesia corintia era una iglesia con problemas, divisiones, discusiones, escándalos, líderes orgullosos, cuestionamientos, guerras de adoración, presiones debido a los que adoraban ídolos, confusión sobre lo que creían de Jesús y desafíos sobre cómo vivir vidas que se parecieran a la de Cristo. Pablo comienza esta carta compartiendo su programa de predicación (1Co 2.1–5):

> Yo mismo, hermanos, cuando fui a anunciarles el testimonio de Dios, no lo hice con gran elocuencia y sabiduría. Me propuse más bien, estando entre ustedes, no saber de cosa alguna, excepto de Jesucristo, y de este crucificado. Es más, me presenté ante ustedes con tanta debilidad que temblaba de miedo. No les hablé ni les prediqué con palabras sabias y elocuentes, sino con demostración del poder del Espíritu, para que la fe de ustedes no dependiera de la sabiduría humana, sino del poder de Dios.

El camino a Emaús nos guía a lugares como este para que escuchemos.

Todos estos lugares y espacios son el tipo de lugares y espacios donde tú, como predicador, predicarás. Estos son los tipos de lugares y espacios en los que vivirás la historia de Jesús, escucharás la historia de Jesús y narrarás la historia Jesús.

Si escuchas atentamente la historia de Jesús en las Escrituras, cuando estés de pie ante las personas en este tipo de lugares y espacios, podrás decir: «¡He visto al Señor!» Al final del sermón, la gente responderá: «¡Nosotros también!»

Vivir la historia.
Escuchar la historia.
Narrar la historia.

> Que el Dios de la esperanza los llene de toda alegría y paz a ustedes que creen en él, para que rebosen de esperanza por el poder del Espíritu Santo (Ro 15.13).

Preguntas para la vida

¿Cuál de estas imágenes bíblicas te llamó más la atención? ¿Qué te dice Dios al respecto? Escucha atentamente.

Sociedad Langham

La Sociedad Langham es una comunidad mundial que trabaja con el ánimo de cumplir la visión que Dios le encomendó a su fundador, John Stott, consistente en:

facilitar el crecimiento de la iglesia en madurez y en semejanza a Cristo elevando los niveles de predicación y enseñanza bíblicas.

Nuestra visión es ver que las iglesias en el mundo mayoritario estén equipadas para la misión y creciendo hacia la madurez en Cristo a través del ministerio de sus pastores y líderes, quienes creen, enseñan y viven por la Palabra de Dios.

Nuestra misión es fortalecer el ministerio de la Palabra de Dios:

- fortaleciendo movimientos nacionales de predicación bíblica;
- favoreciendo la creación y distribución de literatura evangélica; y
- elevando el nivel de la educación teológica evangélica, especialmente en países donde las iglesias carecen de recursos.

Nuestro ministerio

Langham Predicación se asocia con líderes nacionales que estimulan movimientos locales de predicación bíblica para pastores y predicadores laicos en el mundo entero. Con el apoyo de un equipo de capacitadores provenientes de diversos países, se desarrolla un programa de seminarios a diversos niveles que proveen capacitación práctica, al cual le sigue un programa que busca formar facilitadores locales. Los grupos locales de predicación (escuelas de expositores) y las redes nacionales y regionales se encargan de dar continuidad a los programas e impulsar su desarrollo ulterior con el fin de construir un movimiento vigoroso comprometido con la exposición bíblica.

Langham Literatura provee a los pastores, seminarios y académicos del mundo mayoritario libros evangélicos y recursos electrónicos mediante becas, descuentos y mecanismos de distribución. El programa también auspicia la producción de literatura evangélica para pastores en diversos idiomas a través de talleres para escritores y editores, respaldo a la tarea literaria, traducciones, fortalecimiento de casas editoriales evangélicas e inversiones en proyectos regionales de literatura, tales como el *Comentario Bíblico Contemporaneo.*

Langham Becas provee apoyo financiero para estudiantes evangélicos a nivel doctoral provenientes del mundo mayoritario, de tal manera que, una vez que regresen a sus países, puedan capacitar a pastores y otros líderes cristianos brindándoles una sólida formación bíblica y teológica. Éste es un programa que equipa a quienes van a equipar a otros. *Langham Becas* trabaja igualmente con seminarios del mundo mayoritario fortaleciendo su educación teológica. Un número creciente de académicos de *Langham Becas* estudia en programas doctorales de alta calidad en reconocidos centros del mundo mayoritario. Además de formar la siguiente generación de pastores, los graduados de *Langham Becas* ejercen una influencia significativa a través de sus escritos y liderazgos.

Para obtener más información sobre la *Sociedad Langham* y el trabajo que desarrollamos visítenos en www.langham.org.

Serie Recursos Langham Predicación

Cómo predicar desde el Antiguo Testamento
Christopher Wright

El autor de este libro explica las razones por las cuales se debe predicar desde el Antiguo Testamento y muestra al lector el tratamiento que debe dársele a las diversas clases de literatura que allí se encuentran. Su recorrido nos lleva a través de la Historia, la Ley, los Profetas, los Salmos y la Literatura Sapiencial del Antiguo Testamento. Es un manual que ofrece un contenido de alto valor práctico para todo aquel que esté comprometido con una predicación bíblica auténtica. Estimula a los predicadores a no ignorar la Palabra de Dios, expresada en el Antiguo Testamento.

Cómo leer y predicar el Nuevo Testamento
Mark Meynell

En esta obra, el autor, combina elementos técnicos y prácticos que son necesarios para desarrollarse o superarse como predicador de la Palabra de Dios. El libro aborda el tema de la predicación desde la perspectiva de los géneros literarios que nos ofrece el Nuevo Testamento, es decir, los cuatro evangelios, Hechos de los Apóstoles, las parábolas de Jesús, las epístolas y el libro del Apocalipsis. Es un libro imprescindible para quienes están comprometidos con la predicación bíblica y es un magnífico complemento del libro de Christopher Wright, *Cómo predicar desde el Antiguo Testamento.*

La predicación bíblica transformadora
Jonathan Lamb

El autor aborda en este libro los fundamentos de la predicación, nos ofrece una introducción a la tarea de predicar bíblicamente y nos ilustra el poder transformador de la Palabra de Dios enfocando nuestra atención en el corazón, la tarea y el propósito de la predicación. El libro contiene, pues, excelentes recursos para estudios bíblicos, preparación de sermones y para grupos de formación de predicadores. Muy útil tanto para pastores y líderes de las iglesias como para los miembros de ellas, quienes comparten la convicción de la centralidad de la exposición bíblica dado que la vida espiritual y su permanente renovación, solo puede llevarse a cabo a partir de la proclamación de la Palabra de Dios, empoderada por el Espíritu Santo.

www.ingramcontent.com/pod-product-compliance
Ingram Content Group UK Ltd.
Pitfield, Milton Keynes, MK11 3LW, UK
UKHW021934200726
13853UKWH00011B/1946